家庭教育的秘密
来自清华北大的36篇教养手记

① 有效教养的力量

闻道清北 著

江西美术出版社
全国百佳出版单位

图书在版编目（CIP）数据

家庭教育的秘密 / 闻道清北著. —— 南昌：江西美术出版社，2022.9（2023.3重印）
ISBN 978-7-5480-8667-3

Ⅰ.①家… Ⅱ.①闻… Ⅲ.①家庭教育 Ⅳ.①G78

中国版本图书馆CIP数据核字（2022）第143547号

出 品 人：刘　芳
责任编辑：王洪波　李　佳　李嘉俐
书籍设计：今亮后声
责任印制：谭　勋

家庭教育的秘密
JIATING JIAOYU DE MIMI

著　　者：	闻道清北
出　　版：	江西美术出版社
社　　址：	南昌市子安路66号
邮　　编：	330025
电　　话：	0791—86517725
发　　行：	全国新华书店
印　　刷：	三河市嘉科万达彩色印刷有限公司
版　　次：	2022年9月第1版
印　　次：	2023年3月第3次印刷
开　　本：	870mm×1220mm 1/32
印　　张：	11.75
书　　号：	ISBN 978-7-5480-8667-3
定　　价：	98.00元（全两册）

本书由江西美术出版社出版。未经出版者书面许可，不得以任何方式抄袭、复制或节录本书的任何部分。
本书法律顾问：江西豫章律师事务所　晏辉律师
版权所有，侵权必究

编委会

内容策划

龚夕琳　伍廉荣（清华）　刘娴素　杨子悦（清华）
徐丽博（北大）　于思瑶（清华）　纪博琼（北大）

作者团队

清华大学

张淑杰	王奕贺	程楚晋	尚馨蕊	刘雅迪
桑宇琪	甘宏健	张　敏	高明轩	于思瑶
胡子煊	张　圳	都心仪	李歆怡	韩思雨
白雨婷	郑若彤	伍廉荣	张　蓉	

北京大学

江科贤	何星原	郭　煜	纪博琼	王敬淇
张晓倩	郑梦凡	白思雨	鲍佳音	张　敏
张灏宇	徐丽博	王廷骥	张小乔	马开颜
陈婧琪	陶　欣			

推荐序

谨献给所有的父母与孩子

接到编辑邀请推介自己评注的书,颇有些王婆卖瓜之嫌。我从心理学角度所做的点评欢迎各位翻开书籍一阅,此时不妨分享我作为读者最真挚的感受。

所有的文章都来自孩子的视角。作为清北学子,他们是同龄人中的佼佼者,善于学习。而本书中没有"假大空"的心灵鸡汤和速成锦囊,只有最真实的成长故事。剥离清北的光环,我们可以看到,这些"天之骄子"有着和每个孩子相似的迷惘,会贪玩、偷懒,甚至和父母拌嘴。而这些"模范父母"亦如同每一个关切孩子的父母,也可能会犯错,急躁,火冒三丈。但是,是什么因素最终指向卓越的家庭教育?

我们能在这些优秀的少年和智慧的家长身上寻找到共性。其一,亲子间有着良性的沟通。一些家长的教养方式本身就以鼓励、支持为主，包容孩子的错误，家庭环境温暖。但是我们也可以看到，"被比较"贯穿不少孩子的成长历程，作为成年人的我读来仍感到刺痛。幸运的是，多数家长都能意识到自己的做法存在问题，试着将情绪化的宣泄转化为有可操作性的行动建议。其二，父母尽力为孩子创设学习条件。最常见的是培养阅读的兴趣，在买书上毫不吝惜金钱。或是一张安静的、光线充足的书桌，或是一项细微处学习习惯的培养，或是以身作则展示高度的自律。这种对学业的支持，无关教诲，真正地做到润物细无声。其三，父母将孩子视为平等相处的对象，而不是依附物。很多父母培养孩子的自主规划能力，从很小的年龄起，孩子就意识到学习是自己的事情，而非外界的要求，自己的人生应该由自己把握。善于聆听孩子的批评和建议，改变自己不妥当的做法。不摆家长架子，能适当示弱和放权。

我要向所有读者推荐这本书，不仅因为这是一本实用的家庭教育手册，适合亲子共读。也在于，我们作为父母，作为指导者，常常怀着期许，而有时一厢情愿不免落空。爱之深，责之切，可能有种种复杂的负面内容需要表达，但是我们可以选择积极、正向的措辞，把对方作为一个独立的个体去尊重和看待。这从来不是一件易事，需要长时间的修炼，愿与诸君共勉。

曹阅微 心理学博士

2022年6月14日于荷兰

推荐序

什么样的家庭能培养出清华北大学子？

什么样的家庭能培养出清华北大学子？我曾被无数的家长问过这样的问题，他们或好奇或纠结，同时也十分迫切地希望得到答案。为什么那么多家长想破解清北家庭的教育之道呢？很简单！家长们希望凭借清北家庭的"标准"和"参数"，能够复制于自己的家庭之中、自己的孩子之身。那么，清华北大学子家庭的"标准"和"参数"真的存在吗？

俄国著名作家托尔斯泰曾提到：幸福的家庭都是相似的，而不幸的家庭则各有各的不幸。同理，成功的家庭都是相似的，而失败的家庭则各有各的失败。我认为，清北家庭的教育密码是真实存在的。

正如前言，成功家庭都有"相似之处"，即统计学里大样本中的共性规律。为此，我们闻道清北团队在三年的时间里交流访问了上百位清华北大同学，了解他们的成长经历和家庭教育细节，耐心剖析，终有所获，初窥成功家庭教育的密码，最终编著成书。我们相信知晓这些秘密即便不能让您立马径情直行，但也能按图索骥得到启示。

"父母之爱子，则为之计深远"。为人父母者，无不希望将孩子培养为人中龙凤，那么不妨看看这36篇来自清华北大的教养手记。

或许每个教育者都会疑惑：做合格的家长，需要注意哪些问题？面对孩子成长中的各种难题，应该怎么解决？培养清北学子，有什么好方法？这36篇教养手记就是最好的答案。

每一篇都聚焦一个成长问题，每一篇都是一个教育故事。父母怎样做，孩子怎样想，36位清北学子娓娓道来。您会发现，原来那些优秀的"别人家的孩子"也都会受挫，会经历困难，会有心结，会和家长产生各种各样的摩擦。但是聪明的父母却能用语言和行动打破隔阂，拉近心与心的距离，为孩子的成长保驾护航。

家庭教育的秘密，藏在每个清北学子的经历中，期待您的阅读和探索！

伍廉荣 清华大学

徐丽博 北京大学

序言

家长这样做，孩子主动学

教养，是对自己的一种约束，是对别人的一种尊重。对于家长而言，在日常的亲子互动中，作为孩子的第一任老师，家长的一举一动对孩子的影响都是巨大的、深远的。潜移默化的示范作用在亲子教育中有着相当重要的地位，想要孩子成为什么样的人，家长首先就要成为什么样的人。

一株小树苗要长成参天大树需要阳光雨露的滋润，同样，孩子的茁壮成长也离不开来自家长的悉心呵护培育。每位家长都希望能把自己的孩子培养成材，盼望孩子成龙成凤。但有时候，家长因为不知如何正确教养，不懂以身作则，不讲方式方法，最终导致家庭教育上的失败。

尤其到了学龄阶段，孩子玩心重，家长则想让孩子多学一点，两者之间的矛盾变得更加突出。作为家长，我们常会遇到以下情形：孩子写作业拖拉、磨蹭，家长怎么说，孩子都听不进去；孩子学习不专心、容易走神，家长使用了各种方法，还是收效甚微；孩子学习不主动，总是需要监督和催促，弄得家长身心俱疲……

面对孩子学习路上频繁出现的这些状况和难题，家长时常苦恼不已，却又束手无策。原本温馨有爱的家也变得硝烟四起，充满压抑……

我们不禁要问，到底哪个环节出了问题？是孩子的问题？还是父母的问题？的确，爱孩子是本能，而家庭教育却是一门需要学习的学问。有些家长在情绪冲动的情况下，把原因都归结到孩子身上，一味指责、埋怨孩子这不对那不对，强制地要求孩子这样做那样行。殊不知这样不当的管教只会让孩子与我们的期望愈行愈远。

天下没有教不好的孩子，只有不会教的父母。孩子原本是一张白纸，孩子将来要朝哪个方向走，关键还要看家长如何在纸上描画。作为家长，我们需要反思：当孩子拒绝自己时，我们是否去了解过孩子真正的情感和需求？在孩子面临挫折和困难时，我们是否给予了正向的引导和陪伴？在要求孩子的同时，我们自己又是如何行事的呢？

本套书分为《有效教养的力量》《有效语言的力量》两册，皆是为了解决家长在家庭教育中的种种困惑和难题而作，其中《有效教养的力量》从学霸的实际学习经历出发，为我们揭秘了家庭教育中父母的榜样作用对帮助孩子主动学习所发挥的巨大力量。

本书特别邀请了来自清华大学和北京大学的数十位学子为大家讲述"学霸"家庭亲子互动的"秘诀",学霸以"成长手记"的形式分别从"如何培养孩子学习自驱力""如何调整孩子学习情绪""怎样引导孩子主动学习""如何应对厌学弃学倾向"等18个亲子沟通的热点、焦点问题出发,客观展现学霸父母的身教细节,从中我们既可以借鉴学霸家庭的教养经验,还可以收获科学有效的学习方法和技巧。

此外,本书还特别邀请心理学曹阅微博士为每一篇手记从心理学、教育学的专业角度,对各个教育问题做了专业的深度分析和点评,让我们的家长和孩子"知其然,更知其所以然",并得以触类旁通。

愿我们的家长在教育孩子的路上,不但可以收获成功的喜悦,还可以收获陪伴成长的幸福。愿我们的孩子在学习和成长的旅程中,以来自家庭的温暖和支持作稳固后盾,一路乘风破浪,高歌远航,顺利达成自己的目标!

闻道清北

目录

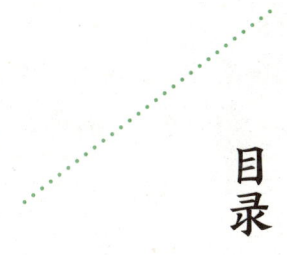

序 言

第 1 篇手记

抓住自驱力铁三角，孩子不想学习都难 ················ 001

孩子自驱力养成要靠亲密关系、力量感、成就感。

第 2 篇手记

孩子，不要假装努力、扮演勤奋 ······················ 011

不要为了取悦别人的眼球而成为一名"演员"。

第 3 篇手记

"不管"是为了更好地"管" ·························· 021

不将孩子当做"无能儿"，更不要事事监督与督促。

第 4 篇手记

家长爱读书，孩子怎么可能拒绝阅读 ·················· 031

父母回家少看电视，少玩手机，多看书，孩子自然会主动远离电子产品，转而爱上书籍。

第 5 篇手记

家长别做孩子学习路上的天花板 ···················· 041

家长保持开放、进取的姿态，将给孩子带来积极影响。

第 6 篇手记

能坚持下去的兴趣，培养起来才有意义 ················ 049

从小到大，家长都在教育孩子做事要坚持。但有时候，也需要及时止损和放弃。

第 7 篇手记

示弱是一种高级的教育方法 ························ 059

家长适时的示弱可以成为孩子学习的动力。

第 8 篇手记

学习自律的孩子会更快乐 ·························· 069

让孩子做时间的主人，给孩子自我管理的权力。

第 9 篇手记

孩子要什么，家长就给什么 ················· 079

重视孩子的心理需求，并尽力满足他们。

第 10 篇手记

孩子习惯了学习，不学习反而不习惯 ················· 089

先于正事与养成"生物钟"是培养孩子学习习惯的两大法宝。

第 11 篇手记

有意识帮孩子找到高效记忆的方法 ················· 097

父母要能够让孩子更加愿意去记忆，同时更有能力去记忆。

第 12 篇手记

越挫越勇：让孩子在困难中获得学习的自信 ················· 107

父母的引导、鼓励与陪伴，能够让困难变得不再令人恐惧。

第 13 篇手记

孩子不想上学，家长这样做 ················· 117

双方共同反思寻求改变，陪伴和积极引导很重要。

第 14 篇手记

孩子是学习的主人,学习计划要他定 ················ 127

孩子自己制定的学习计划,自然没理由去拒绝完成。

第 15 篇手记

学习磨蹭最有效的治疗方法 ······················· 139

发现孩子写作业拖延,不妨让孩子停止写作业。

第 16 篇手记

想让孩子学习认真,家长别当"作业检查机" ········· 149

养成查缺补漏的学习习惯非常重要。

第 17 篇手记

聪明的家长懂得呵护孩子的学习情绪 ··············· 159

弄清楚孩子坏情绪的根源,接纳并共情。

第 18 篇手记

逆袭是知识重复积累的过程 ······················· 169

知识重复积累到一定程度,逆袭便水到渠成。

> 第 1 篇
> 手记

抓住自驱力铁三角,孩子不想学习都难

孩子自驱力养成要靠亲密关系、力量感、成就感。

> 在学习中，一些孩子把完成老师布置的作业定为目标，认为马马虎虎应付过去就行，最终被"弯道超车"；一些孩子对不擅长的科目总是没有兴趣，不愿意为改变现状付出努力，最终永远得不到突破；还有一些孩子总是把学习当成是"给家长学习""给老师学习"，从来不会自发自愿地去规划自己的学习，结果越学越累。
>
> 孩子在这种被动学习的状态下，如果没有家长、老师的约束，就不会全身心地投入，但是在学习路上，家长不可能全程监督，全程指导，孩子如果无法自己主动学习，就很难走得长远。
>
> 因此培养孩子的自驱力至关重要。自驱力是一种用内心力量驱动自己前进的能力，拥有自驱力的孩子有着主动学习的意识和能力，不需要外界的管制和约束，能够自己驱动自己去学习，并且乐在其中。这样的孩子，学习动力是自己给予的，源源不断，学习起来也更加投入和坚定。
>
> 那么，作为家长，如何培养孩子的自驱力呢？

学霸成长手记

江科贤　高考总分：**703**
毕业于河北省衡水第一中学
现就读于北京大学数学科学学院

家是孩子成长的坚强后盾，这点众所周知。父母和孩子之间的亲密关系可以给孩子心理一个有力的支撑，能为孩子提供极大的安全感。以这种安全感为基础，孩子往往能有更强的学习动力，激发出更大的潜力，在学习路上走得更加长远。

我初中的时候住校，有一次在学校发烧了几天，再加上当时刚刚参加的一次考试成绩不太理想，所以**有点情绪化，内心不想学习**，就跟家长说想请假回家。本以为爸爸妈妈不会答应，但没有想到爸爸妈妈知道后，很关心我的

> 心理学博士指导小记
>
> 原生家庭对孩子的人格养成和亲密关系的建立都有着极为深远的影响。孩子将温暖的家庭作为基地，放心大胆地探索世界。

> **学霸说**
>
> 爸爸妈妈这些平凡细碎处的真情，让我感受到来自家庭的坚强力量。不管我遇到什么样的挫折，爸爸妈妈都永远站在我的身后，支持我，鼓励我，帮我走出困境。

情况，听到我有想回家的想法后马上开车赶到了学校。那时已经是晚上十一点多了，但当时因为决定仓促，我的请假手续没弄好，父母只能在学校旁的旅馆等了一个晚上。

我的病情其实并不严重，回家很快就不烧了，这让我很尴尬，始终在担心爸爸妈妈是不是会埋怨我的矫情，可是我自始至终没有听到一句抱怨，他们反而允许我在家多休整两天。在家时，<u>妈妈每天都要变着花样给我做喜欢的饭菜</u>，我有时很不好意思，想让她简单凑合凑算了，但妈妈总是认为，平时没有太多的机会，这好不容易在家几天，她一定要好好为我补补营养。<u>爸爸每天下班后，也经常带我去散步放松或锻炼减压</u>。我的心情慢慢变得平稳。回到学校后，我立即对考试出现的问题进行了反思整理，积极主动地向老师同学请教问题，终于走出了低谷。

<u>家让我有归属，不彷徨，在之后的学习过程中，每当我感到挫败或者感到烦躁的时候，每当我没有动力、想要放弃的时候，都会想起父母对我的这份无条件的爱，我都会告诉自己不能辜负他们，然后重拾勇气，制定目标，继续前行。</u>

正是因为家庭带给我的力量，让我敢于将尝试变为习惯，而习惯会带来进步。

初二的时候，我很不喜欢体育，**体育的各项成绩一塌糊涂**。印象最深的是当时跑1000米，很多同学都能在规

> **心理学博士指导小记**
>
> 　　父母无条件的积极关注、支持与爱意，有利于构筑安全型的依恋关系。这种依恋类型的孩子相信自己是值得被爱的，也相信他人是值得付出爱和信任的。

定时间内跑完，我却气喘吁吁，无法坚持跑完全程。体育素质不高让我对运动**有一种自卑式的抵触**，这种抵触继续导致体育素质无法提高，这便形成了一个恶性循环。但是我又无法逃避初三的体育考试，因而十分焦虑又不知如何解决。

　　<u>爸爸得知后，每天早上都招呼我去小区的健身设施那里练习臂力，一遍遍向我展示如何做引体向上，传授他上学时的经验。</u>最初，我由于自己的抵触情绪，需要爸爸多次的催促和鼓励，但**日复一日，我逐渐把锻炼当成了习惯**，不再抵触，也不再需要催促，之后经常是我早早叫上爸爸一起去锻炼。后来我自己也会每天绕湖边跑步，这种每日锻炼带来的进步逐渐显现，我的自信心越来越强，最

> **学霸说**
> 爸爸用实际行动带我一起克服抵触情绪，用自己的经验鼓励我、帮助我，这让我感到踏实而温暖。

① 有效教养的力量　　005

终我在体育考试的跑步项目上拿到了满分,让同学都吃了一惊。

事实上,**很多东西并不是孩子学不会,而是这些领域对孩子来说过于陌生**,孩子要么因为畏惧不敢去尝试;要么由于最初的失败有了抵触的心理。作为孩子,可能没有像成人那么成熟的心智,此时家长耐心地陪伴、适当地引导可以帮助孩子进行尝试,当这种尝试带来进步的时候,孩子自然而然就不会再畏惧和抵触了。而且,不断进步带来的力量感会驱动孩子继续努力,继续成长。我非常感谢,父母帮我找回了自信,不只是在体育上,在涉及生活中的方方面面时,每当遇到我不熟悉的领域,这种满满的自信都会鼓励我勇敢尝试,不断取得进步。

> **心理学博士指导小记**
> 　　父母的作用是为孩子提供探索的安全基地,而不是将探索的方向和远近都为孩子规定好。

①有效教养的力量　　007

> 心理学博士指导小记
>
> 和所有家长一样，本例中的家长对孩子的前程充满关心，但这种关心的程度是非常恰当的——既不设枷锁的，源于对孩子学习能力和自身判断的信任，又是始终凝注的，家长从未在孩子的成长中缺位，帮助孩子建立信心。

这种自信，让我敢于去掌控自己的人生，而我的父母也让我感受到更多的掌控感。

高中的时候，文理分科是无法避免的。我认为自己喜欢逻辑推理胜于语言表达，所以**一门心思想要选择理科**。但由于我初中的时候文科成绩还不错，加上生物一直是我的薄弱科目，所以有段时间，**爸妈总是在劝说我选择文科**。但当我认真地向他们说明了我对理科的兴趣以后，<u>他们最终选择尊重我的意见，甚至在我后来学习中出现困难时，他们从不曾否定我当初的决定，而是积极地给予我心理和经济上的大力支持，帮助我尽快走出困境</u>。**这种无条件地支持让我觉得，我一定不能失败**，我要证明当初选择的道路是适合自己的，我要证明自己的决定是正确的。

总体来说，我的理科成绩还算理想，只有生物成绩总是低于班级平均分，甚至还曾班级倒数，并因此屡次被生物老师约谈。当时的我对生物这门课既没有兴趣，也没有信心。但是为了提高成绩，我还是给自己定下了阶段性的小目标，制订了详细的学习计划，即每天在完成其他学科任务的情况下，抽出一个小时来巩固生物的知识点，做一些与之相关的习题。

<u>开始的时候，我怕自己无法坚持下来，就拜托家长进行监督，爸爸妈妈十分乐意，并且还会主动给我去寻找一些知识点总结和习题训练。</u>由于我在学习中没有构建起系

> **心理学博士指导小记**
>
> 虽然在目标的设置上孩子可以发挥自主性，但是在完成的阶段中，孩子仍然需要监督。孩子主动求助，父母提供恰如其分的帮助，如同一个稳定提供补给的安全基地。

统完整的生物知识框架，最初的计划完成过程确实有点艰难，但我还是在父母的陪伴下坚持了下来。事实证明我的努力没有白费，阶段性小目标完成后，我的成绩也取得了一些肉眼可见的进步，这点点的进步给了我很大的动力。学进去之后，我才慢慢发现生物的学科魅力，再有"付出即有回报"的加持，**我不再需要爸爸妈妈的监督**，每天都自己主动地、坚定地执行一小时的学习计划，很快，我的生物就被拯救了回来。

我感觉这种人生的掌控感十分重要，走自己选择的路，会让人更主动热情地探索如何进步，而这时候的进步所带来的成就感是会加倍的，我们前进的动力也会源源不断。这种人生的参与感所带来的快乐，是"被动走路"的孩子无法体会的。

> 学霸说
>
> 很庆幸我能有这样的爸爸妈妈，他们从来不会过分展现令人窒息的掌控感，而是在鼓励和陪伴中辛勤浇灌，让我这棵小树苗茁壮成长。

① 有效教养的力量

回头看，爸爸妈妈的教育方式并不是把知识、道理直接灌输给我，而是让我自己学会成长。我很感谢爸爸妈妈这样的教育方式，让我能够快乐、坚定地走过之前十二年的求学路。更为关键的是，我所习得的这种自我探索、自我调整的方法，这种自我驱动的能力，对我之后的学习和成长也大有裨益，这无疑是我人生中十分宝贵的财富。

★有效教养词典★

安全依恋型的孩子在陌生环境中，会将母亲作为"安全基地"去探究周围环境。母亲在场的时候，他们会主动去探究；母亲离开时，探究活动会明显减少。

第2篇 手记

> 孩子,不要假装努力、扮演勤奋

不要为了取悦别人的眼球而成为一名"演员"。

> 很多家长都会苦恼：为什么孩子明明很努力学习甚至通宵达旦，可学习成绩依旧差强人意？其实，这是因为家长大多被孩子日常学习的表象所"迷惑"，缺少对孩子学习的细心体察。有可能我们的孩子只是在假装努力、扮演勤奋。这时候，如果家长只是摇头叹息或直接指责，不但于事无补，甚至会打击到孩子假装努力中那颗进取的初心，进一步激起孩子的逆反心理。
>
> 孩子为什么会出现假装努力、扮演勤奋的情况呢？怎么才能避免这种情况，让孩子的努力变得有效呢？家长究竟要以何种方式引导孩子，才能做到春风化雨润无声呢？

学霸成长手记

何星原 高考总分：**668**
毕业于河北省衡水中学
现就读于北京大学经济学院

刚上初中的时候，学科数量和学业压力陡然上升，我陷入了迷茫与无措中。那时候我虽然有一颗上进心，但始终不知道如何才能取得进步。

开家长会的时候，老师总是会夸奖那些取得优异成绩的学生，而这些同学分享的经验也无外乎是如何珍惜点滴时间取得优异成绩。那时候妈妈总是会对学习成绩好的孩子投去羡慕的目光，叮嘱我一定要向优秀的同学看齐，吸取他们的经验。后来妈妈甚至给我制定了"满满当当"的时间表，要求我每天5点起床学习，一直到晚上10点再上

> **学霸说**
> 妈妈也曾经为我的学习焦急过，羡慕过"别人家的孩子"，谁不希望自己的孩子能出人头地呢？妈妈这些看似有些"拔苗助长"的举措，其实也是"关心则乱"吧。

① 有效教养的力量　　013

床休息。为了能取得更好的成绩，我也坚决"服从"妈妈的指挥，向着优秀同学靠拢，**每日通宵达旦**。甚至听说考第一名的同学学习到晚上10点，我就学习到晚上11点，**希望在时间上取胜**。

看见我每日那么勤奋用功，妈妈总会表露出欣慰的神情，并赞赏和支持我的勤奋努力。可她并不知道，我经常只是机械地在完成老师的任务，甚至偶尔发呆。在超长的学习过程中，我学会了转笔、给历史人物画漫画和在纸上玩五子棋，学习效率可想而知。因为休息不足，上课时候的我无精打采，在学校学习效率下降只能在家里更加"努力弥补"。**结果成绩不进反退，信心备受打击**。

后来，是爸爸发现了其中的蹊跷，在他的"计谋"下，我才脱离"苦海"。

心理学博士指导小记

投入大量时间就能有所产出是很多家长的误区。孩子的精力有限，耗费时间并不意味着有效学习。因此，家长要引导孩子进行时间管理。

> **心理学博士指导小记**
> 　　在孩子深夜学习时始终陪伴，给予孩子充分的安全感。

　　偶尔的几次，爸爸探问我的学习状况，很快，他就发现了我的问题。本来我还有种偷东西被发现的窘迫，但是好像爸爸并没有向妈妈提起，我也就心安理得了起来，继续每天"努力"学习。过了几天，爸爸声称有个新项目要加班完成，于是把工作也搬回了家中。每次，我们在同一个房间，我学习，他工作，我们一起通宵达旦。

　　后来，我在座位上发呆的时候总是看到爸爸唉声叹气，愁眉紧锁。出于好奇与关心，我询问爸爸工作上是不是遇到了问题，没想到爸爸开始向我大倒"苦水"，说自己工作这么辛苦，可怎么就一点回报都没有。我只能象征性地安慰几句，说可能只是时候未到，付出了总会有回报的。后来爸爸的眉头锁得更紧，甚至都有点破罐子破摔的感觉，每天工作也不用心了，一会儿干点这，一会儿干点那，人虽然一直在桌前忙碌，但是除了抱怨，便也没见到再有什么实质性的工作开展。直到一天周末的中午,**爸爸似乎实在难以忍受工作的压力与绩效不好的痛苦,邀请我一同春游。**

那时候,我非常理解爸爸的处境,因为我同样也在抱怨"努力却得不到成比例的回报"。出于关心,我努力劝说爸爸不能这样折磨自己的身体,与其跟我一起熬夜,还不如工作的时候就用心地工作,不想做的时候就放松下自己。爸爸一直点头,认为我说得有道理。

后来的日子里,爸爸每天晚上开工之前,都先和我说一下他自己今天要准备做的事,大概多久会做完,然后还不忘说一些做完就不陪我了之类的安慰的话。自那以后的他,每天虽然和我一起学习,可是却变得"干劲十足"。我发现,**他每次基本都能在自己预定的时间来临前完成工作**,然后就潇洒地跟我再见,自己跑到外屋去看会儿电视或是放松地躺在阳台的摇椅上看看闲书了。

心理学博士指导小记

此处父亲的行为展现出极强的计划性和执行力,对工作规划和时间分配非常清晰,并能按时按质按量完成。

看着爸爸每天早早地"鸣鼓收兵",看着他的笑容越来越多,我暗暗羡慕。终于有一天,当爸爸又一次在我面前告诉自己九点就会完事要休息的时候,我也告诉他,我今天的任务会在八点半就结束。为了让自己在有限的时间内完成更多的事情,我一反自己以前熬时间的常态,全身心地专注在自己要完成的任务上,果不其然,**那天我也早早地结束了"战斗"**。以后,我也学习爸爸自己给自己提前做好学习计划,每天要干什么都安排得井井有条,后来随着不断地练习与调整,我的学习效率越来越高,心情也变得越来越好。这都是得益于我偷学了爸爸的"武功秘籍"——不比时间,比效率。

现在回想起来,我耗费了太多的时间和精力在父母和老师面前扮演勤奋,并没有把心思放在学习上。我和妈妈都以为,时间上的付出就会换来学习成绩的提高。殊不知,**只有有效的学习时间才能给我带来正能量的回报**。就比如我的同桌每天都会把自己不会的单词记在小纸片上,零碎时间就会拿出来复习一下。每个好学生都会在向同学们分享经验的时候介绍自己如何珍惜时间,但他们的学习效率比时间的利用更值得学习。我只看到了别人学习的表象,就盲目地将他们的行为方法奉为圭臬,从未想过这些方法是否适合自己,也从未深究好学生的优秀到底缘于何因。一味地模仿好学生,已经让我失去了自己独立思考的

心理学博士指导小记

家长身体力行,实践该如何规划任务、利用时间,也让孩子意识到计划与效率的重要性。

学霸说

特别感谢我的爸爸,给我做了一个好榜样,用实际行动告诉我,学习更看重的是效率。

能力，误入歧途，所谓的"东施效颦"也就是如此了。

其实，我那时欣然接受妈妈的教育方式，也是因为这种方法符合自己的虚荣心。我非常羡慕成绩名列前茅的学生是爸爸妈妈眼中"别人家的孩子"。所以，我总想为自己树立一个勤奋的孩子的人设，于是便不假思索地接受和服从了妈妈的安排。哪怕妈妈的时间表根本不符合自己的学习习惯；哪怕我每天晚上10点已经困到极致，但还是假装自己在背诵课文；哪怕我的作业明明1个小时就可以完成，我竟生生拖4个小时搞定。在家里努力扮演勤奋孩子，却在座位上发呆；在学校努力扮演用功学生，却在课堂上神游。虽然我收获了妈妈的欣慰与赞赏，但是**这份虚荣除了让自己深陷假装努力的泥潭之外，对我的学习有丝毫益处吗？**

我非常感谢爸爸，显然，他识破了我拙劣的演技，但是他并没有愤怒地指责，而是用实际行动春风化雨。我想象不出如果爸爸直接戳穿我的情形，我也许会恼羞成怒，也许会更加叛逆，也许连假装努力都再也做不下去。直到现在，我都非常佩服爸爸的演技，**他对我的模仿就像是一面镜子**，从中我看清了自己。其实从小到大，我能够获得优异的成绩和自身的表现欲有着很大的关系。爸爸就抓住了我的这一特点，激发我的好奇心和表现欲，把他想对我说的话引导我自己说出来。爸爸本身又成了我的偶

心理学博士指导小记
为迎合父母的期待，孩子可能不仅是服从一张不适合自己的时间表，还有很多不适合自己的人生规划。作为父母首先要了解孩子的特点，和孩子一起商定符合自身条件的安排。

学霸说
正是爸爸费尽心血，用智慧的教育方法一点点影响我、改变我，才让我的学习之路走得越来越顺畅。

018　家庭教育的秘密　来自清华北大的36篇教养手记

像，他给我做出了"示范"。那时候我非常羡慕爸爸在工作之余还有看电视的时间，非常渴望像他那样"轻轻松松"获得成绩，于是我也主动地模仿起了爸爸的工作方式，慢慢地找到了适合自己的前进方式。

我深知没有人比父母更期待我的成长、更清楚我的付出和艰辛，当初妈妈夸奖别的孩子、帮我制定计划的初衷也是想让我取得更好的成就，也是出于对我的期盼。**他们知道我是在假装努力和扮演勤奋的时候，也一定有过心疼和反思**，也许无数个我不知道的长夜，他们都在讨论如何引导我重新走上正确的道路。

我也常常想到父母教育自己过程中的经验与教训，<u>苛责与打骂绝不是教育的利器，好奇和模仿才是孩子的天性</u>。我们每个人都会潜移默化地模仿爸爸妈妈的行为，他们的行为处事方式也慢慢渗透

> **心理学博士指导小记**
> 　　榜样的作用是巨大的，本例中父亲是孩子最好的时间规划老师。

进了我们的行为。我也希望以后的自己能够吸取自己成长中的经验和教训，教育好自己的下一代。

> ★有效教养词典★
>
> 时间管理的核心是找到一天中头脑最清晰、学习最高效的黄金时间，充分利用好这些时段完成一天中最困难的工作，事半功倍。

第3篇 手记

「不管」是为了更好地「管」

不将孩子当做"无能儿",更不要事事监督与督促。

> "含在嘴里怕化了,捧在手里怕飞了",说的正是家长对孩子的复杂而深沉的情感。在孩子成长的道路上,家长是孩子的第一个领路人,也是一生的领路人,尤其对处于学龄阶段的孩子,由于他们羽翼尚未丰满,这个阶段也正是孩子学习本领、走向独立的关键时期,家长不可能放任不管。但过犹不及。在管教孩子的路上,家长们既不能放纵孩子,完全撒手不管,也不能过度约束,事事包办,这样反而会阻碍孩子的成长和进步,不利于培养孩子的独立意识、独立学习能力。
>
> 对于如何管孩子,什么时候管,什么时候不管,在什么样的时机下应该出手,在什么样的情况下应该放手,让孩子自己去闯,自己去完成,我们的家长往往把握不好这个度。

学霸成长手记

郭煜 高考总分：**637**
毕业于四川省广安友谊中学
现就读于北京大学外国语学院

在小学阶段，我的学习一直是在妈妈的"监督"和"辅导"下完成的。学习成绩基本保持在班里前几名，但妈妈认为要持续领先，就不能放松警惕，所以，对我的作业、学习进度和考试情况，妈妈都很上心，甚至比我还清楚。妈妈是医生，平时工作很忙，每周还要值班，但她还是把工作之外的几乎所有时间都用在了我的身上，尤其是在陪伴学习上。

除了老师布置的作业，妈妈还经常给我买来一些拔高的题，我每周都会做上几套测评试卷来查漏补缺。看到别的小朋友有大把的时间在外面疯玩，而我却只能留在家里刷题，我心里颇有怨言，但

无奈妈妈的命令不能违抗，我只能选择配合。

在整个小学阶段，我一直都是其他家长眼中"别人家的孩子"，妈妈和爸爸也发自内心地引以为荣。别的同学有被叫家长、被罚抄作业、罚站等痛苦经历，我从没体验过。我一直觉得这种顺风顺水的状态会一直延续下去，没想到升到初中后，我很快就遭遇了学业上的"滑铁卢"。

上初中时，因为学校离家较远，妈妈无法兼顾她的工作和我的陪读，无奈之下，只好给我办了走读。**以前习惯了妈妈陪伴的我，骤然没有了外力的约束和管教，竟一时间不知道怎么做才好。**在刚入初中的近一年时间里，我都是在一种放飞自我的状态下度过的。首先是在生活上，一切事物都要自己来处理，让我很不适应；其次在学习上，相比小学，初中阶段的功课骤然增加到九门，别的同学处理起各科的学习任务看上去是那么游刃有余，而我却不知道该怎么科学地分配学习任务的优先级，一时间手忙脚乱，作业乱七八糟，各科成绩也明显下降……

当时，眼看着我的成绩由入学前的第三名一直下滑到班里第二十名，妈妈很着急，**她甚至跟爸爸商量着要为我放弃工作**，全职来陪读。在一个周末，爸爸妈妈特地约我谈心，并问我有什么想法，是不是有更好的应对现状的措施。

"为何在小学阶段，我的学习进行得很顺利，到了初中却遇到了这么大的障碍呢？"我其实在苦思冥想后早就有了结论——是因为身边没有了妈妈的管束和辅助。但是，即便这样，我也不愿意妈妈为我做出辞掉工作这么大的牺牲,所以我坚决反对她来陪读。我跟他们谈了自己的认识,并向他们表示,我不可能永远在妈妈的庇护下生活,<u>这次,我想靠自己的力量站起来</u>,我请求他们再给我半年的时间进行调整。

幸好,爸爸也认可我的意见,他认为,我已经长大了,**应该给我一个独立适应的机会**。妈妈一直很认真地听我说话,我能看出她的担忧,但当我决心自己渡过困难时,我更看出了她的感动。最终,爸爸妈妈同意了我的提议。

在那段成绩下滑的时间,**妈妈无疑是着急的,但她还是尽量克制**。<u>每逢周末回家时,她不再亲自上阵监督检查</u>

> **学霸说**
>
> 妈妈为了我的学习已经放弃了很多,尽管进入初中的我在学习上正面临着前所未有的挑战,但我更希望这一次能够不再依赖爸爸妈妈,能真正靠自己解决一次困难。而他们的认可,也让我感受到了巨大的力量。

> **心理学博士指导小记**
>
> 孩子感知到来自父母的担忧或是父母的督促,都可能成为孩子学习的外驱力。

我的学习,只是偶尔装作不经意地问几句,但从她那故作轻松的神情中,我还是能体会到,他们的不安和担心。

现在回过头去想,我觉得,爸爸和妈妈的及时放手对我学习兴趣的培养和独立能力的培养起到了很大作用。因为不用再担心表现不好被骂,也不用担心做不对题被批评,我在学习时,状态变得自然放松,但思维却变得更加活跃;没有了父母的监督,我开始自己制订学习计划,学习和休息也安排得更加灵活。在这个自主学习的过程中,我逐渐总结出了一套自己的学习方法,也发现了学习的乐趣,乐在其中。

妈妈也会适时地给我鼓励和鞭策。我的英语比较薄弱,自我诊断之后发现短板在单词记忆上。于是,在假期里,我把时间分块管理,每天专门预留给英语一小时,并要求自己在这段时间中必须背诵20个单词。结合艾宾浩斯遗忘曲线,今天记住的单词,第二天重复记忆，第三天除了记新的单词，还要复习前两天的，如此循环。妈妈听了我制订的计划，担心我不能执行，提前打"预防针"，提醒我"可别做'思想上的巨人，行动上的矮子'啊！"为了不做"行动上的矮子"，我逼迫自己坚决按计划执行。效果立竿见影，开学后，我的英语成绩马上提了上去。那段时间，我常常沉迷在学习的天地中，畅快遨游在知识的海洋里，这真是一种非常美好的感觉。**感谢妈妈和爸爸那段时间给我的信任，让我有了充足的自由的时间和空间去自主安排学习和生活**，锻炼自己独立思考和独立解决问题的能力。

在度过了一年半的适应期之后，到了初二下学期，我已经如鱼得水，从原先的那个事事依赖妈妈的小学生，终

> **心理学博士指导小记**
> 　　认同、吸取妈妈的建议，将"外驱力"内化，父母的期望成为孩子自发遵守的规则。孩子在坚决执行计划的过程中，逐渐培养出对学习本身的兴趣，这种兴趣、享受的感觉能够替代父母监督的作用。

① 有效教养的力量

> **学霸说**
> 我也不曾想过，作为一个曾经那么依赖爸爸妈妈的小孩，我也能够独当一面，处理好自己的学习和生活。这大概就是爸爸妈妈从「管」到「不管」的转变带给我的惊喜变化吧。

于蜕变成了一个可以独立学习、独立生活的大人。凭借着小学阶段打下的良好基础，我的成绩很快回升到原来的位置。爸爸妈妈看到我学习劲头十足，提着的心也慢慢放了下来。

没有了妈妈在旁边的"指挥"和"调度"，很多学习任务我需要自己去安排先后优先级；没有了依赖和靠山，当遇到学习上的难题时，我只能靠自己独立思考，自己解决。抛开妈妈这根学习的"拐杖"，我摸索出了一套适用于自己的高效学习方法。随着独立自主学习能力的激发，我的学习一直到高中到大学，都保持着一个很好的状态。

但是，爸爸妈妈真的什么都没有做吗？并不是。他们对我的关心和在意，一点也不比从前少。只是，随着我的逐渐成长，他们也意识到了适时放手让我独立处理问题的重要性。**他们不再是"指挥官"，而是"后备军"；不再事无巨细地管着我的学习生活，却从来不曾离开；在我需要他们的时候给我鼓励和帮助，在我迷茫失措的时候给我关心和指导。**

我想，随着孩子的不断长大，父母作为照顾者的角色，应该是一个逐渐淡化的过程，<u>"不管"是为了更好地"管"——让孩子学会自己管理自己，这才是家庭教育的终极目标</u>。在孩子已经具备一定基础之后，妈妈和爸爸做出适时放手的选择是正确的。设想一下，如果妈妈一直陪

> **心理学博士指导小记**
>
> 　　孩子在内在动机的驱动下，更加具备独立性、自主性、目标感、自控力、意志力和执行力。
>
> 　　在孩子逐渐获得内驱力的过程中，父母也渐渐地撤去了外部激励。"自己管自己"，完成从外在动机到内在动机的转变。

在身边的话，我可能永远都无法发现并体验到自主学习的快乐，也不可能总结出适用于自己的学习方法。

　　在孩子的成长过程中，父母的及时退出、大胆放手真的太重要了。非常庆幸，我的爸爸妈妈及时把握住了让我独立探索、独立学习的时机。

> ★**有效教养词典**★
>
> 　　外驱力，也叫外部动机，指的是做一件事是由于这件事所能引发的后果。这种后果包括从外部获得的各种奖励或惩罚。
>
> 　　与之相反，内驱力也叫内在动机，指的是做一件事情是因为事情本身给予我们的满足感。

"

"

第4篇
手记

家长爱读书，孩子怎么可能拒绝阅读

父母回家少看电视，少玩手机，多看书，孩子自然会主动远离电子产品，转而爱上书籍。

> "读书",从广泛阅读的角度看,能拓宽人的知识面,丰富人的精神世界,甚至改变人一生的轨迹;而从求学的角度看,现在的考试中,文字量越来越大,阅读理解越发成为孩子们应当具备的重要素养。
>
> "读书"如此重要,家长当然重视。但是不少家长却吐槽,孩子爱不爱读书就像买彩票一样不确定:有的孩子从识字起就手不释卷,有的孩子上了小学二三年级还一见书就困。不少家长倍感无奈,因为不知从哪些方面引导孩子读书,更担心稍有不慎引起孩子的反感,触发亲子矛盾,搅得家里不得安宁。
>
> 好习惯都是培养出来的,阅读习惯也是如此。清北孩子大多很爱读书,他们的父母都采取了哪些方法鼓励孩子读书呢?有哪些经验值得我们借鉴呢?

学霸成长手记

张淑杰 高考总分：**702**
毕业于河南省项城市正泰博文高级中学
现就读于清华大学生命科学学院

家里刚买电脑时，我还在上小学一二年级，自控力差，**成了一个标准的网虫**，趴在电脑前玩各种社区类游戏，拉都拉不开，常常惹得父母唉声叹气："这孩子要废了。"然而，从小学中高年级到初中，在面临升学考试的压力之前，我却成了个爱看书的孩子，吃饭时要看书，去卫生间也要看书。对我来说，一本好看的书在我眼里比香菇酱还要下饭，来来回回看上十几遍还常读常新，丝毫不腻烦。<u>我之所以会"性情大变"，没有不幸成为"废孩子"，除了我本来就爱看书之外，和爸爸妈妈、爷爷奶奶</u>

> 学霸说　口头的教导可能会让孩子厌烦，但好在我的家长更注重用实际行动来影响我、感化我。

① 有效教养的力量

> 心理学博士指导小记
>
> 心理学领域的大量研究已证明榜样的力量。美国心理学家班杜拉的"玩偶实验"作为观察学习的经典例证,表明儿童能通过观察成人的暴力行为及其结果,模仿或矫正成人所做出的行为。

的以身作则是分不开的。

我的爸爸妈妈都是大学生,这在他们的那个年代是很难得的。妈妈是初中老师,平时受学校建设"书香校园"活动的影响而经常买书,我家里的书籍非常丰富,从经典名著、父母的大学课本,到杂志、童话,应有尽有。但是,我刚上小学的时候,爸妈自己也还是没毕业多久的"孩子",没有教育经验。爸爸有时间就去看足球赛,妈妈则着迷《红楼梦》等电视剧。买了电脑之后,她对追剧的热衷程度绝对不亚于我沉迷游戏的程度。**很难说我当时爱玩游戏、爱看电视和爸妈的"带头作用"没有关系**。但是,从我茶饭不思地待在电脑前开始,爸妈这两个"大孩子"开始忧心忡忡了。然而,他们数次干预无果,而且只

学霸说

曾经,我的爸爸妈妈也并没有在看书方面影响过我,甚至我会通过哭闹的方式争取玩游戏的时间。现在想想,好在我的爸爸妈妈没有就此放弃我,而是另辟蹊径,选择其他的解决方法。

要他们强行不让我玩电脑，我就大哭大闹。

我的爷爷、奶奶习惯了住在乡下，所以在我上学回到城里之后，他们没能带我。但小时候，我是和他们一起生活的，奶奶总爱指着各种招牌、报纸，甚至是洗发水瓶背后的配料表教我认字。**得益于奶奶的用心，我一年级就能自己看书、爱自己看书了。**爸爸妈妈见到现在的我，总是会纳闷，小小的我就很爱书，为什么到了他们身边却养成了玩电脑的"恶疾"呢。

他们解决不了我出现的问题，只好找爷爷奶奶商量怎么办。听说了我的问题之后，爷爷一针见血地质问爸妈："你们两个平时都干些什么？"听了爸妈给出的答案，爷爷哭笑不得，连道"难怪"。爷爷奶奶直接回复："你们回去少看电视，少开电脑，多看看书，孩子自然就能扳过来了。"

回去之后，爸妈立刻行动，首先把家里的书全都收拾了出来，买了一个大书架，把书整整齐齐地分类码好。妈妈转向了《红楼梦》等她喜爱的文学作品的原著，不再追剧；爸爸看各类体育比赛也越来越少，把更多时间用来认真思考自己的职业规划，逐渐开始搜集材料、选择研究课题，准备高级工程师职称评定。在我津津有味趴在电脑前或斜躺在沙发上看电视时，爸妈就会故意坐在我旁边看书。我开始会很好奇地探过头问他们在看什么，后来不知

> 心理学博士指导小记
>
> 教诲是相对漫长的道路，未必能被接受，而以身作则是条捷径。父母要发挥积极正面的榜样作用，督促孩子去做的事情自己先做到。

① 有效教养的力量　　035

不觉地就坐在他们身边一起看。家里有趣的书本来就很多，更何况爸爸妈妈、爷爷奶奶暗中联合起来往家里买书呢！慢慢地，家里电视机和电脑被打开得次数越来越少，我也逐渐感到，玩完电脑游戏既空虚，又会挨爸妈的骂，实在是比不上看有意思的书。在**爸妈创造的读书环境**里，我到了小学三年级就变回了"书虫"，从此走上了因书籍受益的道路。

很多年后，高考成绩出来的那天夜里，看着高得惊人的语文分数，想起爷爷奶奶和爸爸妈妈为我以身作则进行的正确引导，我发自内心地庆幸和感激。除了高考圆梦之外，我读过的书里的精神在每个低谷时刻都会支撑着我，印象最深的是陪我走过两次升学挑战的《飘》（译林版本）中那句"郝家的人是从来不知道什么是失败的，即使失败面对面盯着他们也白搭"。我愿意继续读书，过因书受益的一生。

"纸上得来终觉浅，绝知此事要躬行"，现在回头看看，爸妈成功地改变我的过程，并没有我现在回忆起来这么轻松。<u>具体实行起来，除了以身作则之外，还要注意两个因素</u>。

首先就是从我的兴趣引导起。

为了防止我发现他们想让我看书的小心思，进而产生反感，爸爸妈妈从没有明确要求我必须看书。他们的

> **学霸说**
> 爸爸妈妈没有强制性地规定我要看多少书、在什么时候看书、看哪些书，而是一切以我自己的兴趣出发，只有知道自己的孩子适合什么样的教育方式，顺应孩子的学习兴趣，才能教得更好。正所谓因材施教。

做法很简单，把认为**能吸引我的书**——如《哈利·波特》——**优先放在我的身高能看到的地方**，而我可能不太感兴趣的工科课本之类放在书架最上端。在我发现了这些有趣的书并看了一些之后，他们就会在闲聊时和我谈起这些看过的书，让我给他们讲一讲里面的内容。我对《哈利·波特》特别感兴趣的那段时间，他们甚至常常和我玩拿筷子当魔杖念咒语的游戏。妈妈还发挥她爱追剧、爱看电影的"专长"，给我找了《哈利·波特》当时已经上映的几部电影。感谢她找的电影，我不再痛恨英语，反而感到英语很有趣，后来还央求爸妈给我买了全英文原版《哈利·波特》，哪怕要不断查找单词，我也看得很起劲。

除了"位置优势"之外，爸妈对我买书的大力支持也对我产生

> **心理学博士指导小记**
>
> 对孩子的引导潜移默化，极富智慧。不仅促进孩子自发选择感兴趣的书籍，并且通过亲子共读的方式，帮助孩子回顾情节、延伸阅读，加深理解的同时锻炼表达能力。

① 有效教养的力量　　037

> **心理学博士指导小记**
>
> 已有定量研究表明家庭藏书规模对孩子读写能力的巨大影响。在书香气息浓郁的家庭，孩子从小养成阅读习惯，终身受益。

了不小的鼓励。我家是工薪阶层，收入不算高，爸妈对买衣服、买吃的比较俭省，但独独在买书这件事上有求必应。印象最深的一次，是我对那时市面上很火的一套系列丛书特别着迷，当时网购刚刚普及，我想买的所有的书在正规的官方店加起来需要900多块钱。那一年妈妈每月的基本工资才2000多点，可她发现我把这些书加进购物车常常翻来覆去地看后，便偷偷地在我生日前一周下了单，当这些**我心心念念的书籍作为生日礼物**摆在我面前时，我真的是"高兴得要开花了"。这些书中的正向思想给了我很好的教导，"巨大藏书"一直是我在小学朋友圈内的最大骄傲。

其次，爸爸妈妈还把家里布置得很适合读书。除了

> **心理学博士指导小记**
>
> 行为心理学中「正强化」的应用，在本例中家长十分注意在家中创设一个益于学习的环境：安静、舒适、光线充足。

书房的落地大书柜之外，爸爸针对我的身高还为书房的桌子配了一个在十年前显得观念很"先进"的人体工程学椅子，坐起来很舒服。为了保护我的视力，妈妈对台灯的更新迭代始终保持密切关注。就像传闻中犹太人给书本涂上蜂蜜来鼓励孩子看书一样，<u>这些硬件设施就是爸妈给我的阅读涂上的"蜂蜜"</u>，不仅保护了我的视力，也给我带来了很愉快的阅读体验。更值得一提的是，只要我走进书房，爸妈就不会外放电视，也不会在离书房近的地方大声说话。感谢爸妈**尽他们所能给我提供的良好条件**，更感谢他们**为了不打扰我而委屈自己**的细心和爱。

现在，在清华园里生活，"坐拥"百万藏书的图书馆资源，虽不能像钱老一样"横扫清华图书馆"，但我仍渴望把读书的习惯延续下去，过好因读书而受益的一生。

> **学霸说**
> 　　真的很感谢我的爸爸妈妈，在读书的路上为我做了太多后勤保障工作。我的阅读习惯养成与他们的良苦用心是分不开的。

★ **有效教养词典** ★

正强化，又称"阳性强化"，指行为的结果使得个体对于这个行为的倾向性增强。比如孩子第一次去图书馆读书，感觉效果和体验都很不错，以后便经常去图书馆读书。

第5篇 手记

家长别做孩子学习路上的天花板

> 家长保持开放、进取的姿态，将给孩子带来积极影响。

> 时代在飞速发展，今天的孩子所接触到的世界，跟二三十年前的父母一辈所接触的世界完全不一样了。与之前信息相对贫乏、获取不易的成长环境相比，今天的孩子们所处的外部世界是一个信息大爆炸的社会。他们在获取信息、识别信息和利用信息上的能力具有先天的优势。
>
> 许多家长感叹，现在的孩子懂得比大人都多。经常听家长提到，自己对一些新知识、新趋势、新词的第一次接触还是从孩子那里听说的。在这种情况下，如果家长不能及时更新自己的认知，减少与孩子之间的"信息差"，很可能就会与孩子越来越没有共同的沟通空间，如果再固执地套用过时的经验去教育自己的孩子，往往会适得其反。
>
> 所谓"活到老，学到老"，终身学习已经成为一个趋势。家长也要坚持学习、不断提升自我，这样的努力不仅仅是为了拓宽自己的知识面，更重要的是可以给孩子做一个正向的示范，收获意外的惊喜。否则我们怎么去与孩子有效沟通，怎么去影响孩子、指导孩子呢？

学霸成长手记

王奕贺 高考总分：691
毕业于山东省诸城一中
现就读于清华大学建筑学院

我在英语学习上的积累和兴趣源于小学时的一段美好经历。

记得在小学低年级的时候，我学起英语来很顺手。课上跟着老师大声读一读，回家打开妈妈给我买的点读机，多听几遍就会了。那时，我的英语作业本上满满都是老师盖的红印章，我心里美滋滋的，回到家跟妈妈展示，很是得意。妈妈也经常夸我："看来，你学语言很有天赋！"

进入高年级后，情况就不一样了。因为从这时开始，除了听读和背诵，还要求能说能写，这对我来说真是一个特别大的挑战，我的英语学习变得越来越吃力。在以前，我把上英语课当玩一样，根本没有去具体关注每个单词怎么读，怎么写，基础的语感虽然有，但是当把某个单词拎出来放到一个新句子中的时候，我就不认识它了，也不知道如何应用。而且新单词不再是由三四个字母组成，变得越来越长，我根本不知道某个单词到底怎么发音怎么拼写，只能硬记。我现在都很好奇，为什么那时没有学习英语单词的发音规则呢？或者是老师教了，但我没有学会？总之，**单词成了我学好英语的一大"拦路虎"**。

看到我对着英语书愁眉苦脸的样子，妈妈也很担心，为了不让我掉队，妈妈给我想了一个法子，其实也很简单，就是"写"：一个单词写五遍，不行就写十遍。用她的话说就是"好记性不如烂笔头"。用这个方法，我当时是记住了，可是过几天，再写还是会忘。

我很泄气，都想放弃了，妈妈也很为难。不过，没几天，她

> **学霸说**
> 　　我在学习上遇到困难阻碍，妈妈看在眼里，急在心里，主动帮我想办法，用自己的经验给我提供帮助，还专门去学习研究如何帮我攻克学习中的难题。尽管这些方法可能有点老套，或者并不适用于我个人的学习习惯，但却饱含妈妈对我的关心和帮助。

又满血地对我说,她刚刚研究了一个"艾宾浩斯遗忘曲线",并根据这个理论已经为我量身制订了一个科学的复习计划。好吧,虽然我没听说过,但我想,妈妈总不会害我的。

不过,要想真正把语言学好,光靠死记硬背还是不行的。妈妈虽然是大学毕业,但学的不是英语专业,英语不算精通,而且当年她们学的都是"哑巴英语""考试英语",她认为,自己以前靠死记硬背学的东西早就还给老师了,要想真正学好,还是要掌握其中的规律。所以,**她从未放弃为我寻找更好的学英语记单词的办法。**

在这段时间里,妈妈通过网络等途径查阅了大量关于学习英语的方法,并分别做了整理,挑选出了比较好的两种方法——自然拼读+音标配合学习法,然后又把这些资料打印了出来,订成一本,并制定了详细的学习计划。妈妈还变魔术一般,把厚厚一摞书推到我面前,主要是英文原著故事书和绘本,装帧精美,纸张印刷讲究,其中有三本我尤其喜欢,里面的故事很吸引人,直到现在,我偶尔还会翻看一下。

根据我们一起制订的计划:每周至少拿出两小时时间读英语故事和绘本,遇到不认识的单词,就查百科。让人没想到的是,妈妈说到做到,真的开始跟我一起学习自然拼读和音标了。我们坚持了大概半年的时间,效果是显而

> 学霸说
> 妈妈对我的帮助,不仅停留在方法的指导建议上,更是真正用实际行动、用陪伴在鼓励我学习,帮助我提高。

① 有效教养的力量　　045

易见的：当我再次遇到新单词时，基本都能读个差不多，单词记忆这关顺利通过。因为形成了阅读英文版故事书的习惯，我的语感明显提升，课外单词量也积累了不少。

妈妈感慨地说，自己当年没学明白的知识和方法，通过跟我一起学，竟然全学会了！有遇到不确定读音的单词，妈妈就带我上网查，渐渐地，我和妈妈也能进行简单的英语对话了，我们的发音也越来越标准，**妈妈的"哑巴英语"变成了"标准英语"**。

通过那段时间的学习，我发现，知识和方法的探索固然对我帮助很大，而<u>妈妈那种面对困难不放弃的精神，面对问题积极想办法的做法，不给自己设限，持续更新自己、提升自己的人生态度，对我产生的影响更深刻</u>。在那之后的学习和生活中，每逢遇到困难或

> **心理学博士指导小记**
> 　　这段话很好地概述了成长型思维的本质。拥有成长型思维的人拥抱挑战而不畏惧挑战，相信能够通过努力克服困难获得成功，认为能力是可以通过后天付出培养的。家长开放的思维模式对孩子有着重大的影响。典型的成长型思维者，有着更为灵活、乐观的态度，他们不会认为自己是失败者，而是定义自己为走在成功道路上的奋进者，只是暂未达到目标而已。

挫折时，我就会想到妈妈。而我知道，只要积极想办法，总能克服困难，找到解决问题的出路。

进入高中学习后，学业任务更加繁重，我每天都有大量的习题要做，周末难得休息一天，与爸爸妈妈的交流也比较少。记得有一段时间，**我对量子物理产生了浓厚的兴趣**，看了许多相关的资料，脑子里来回盘旋的都是宇宙大爆炸、暗物质、世界的坍缩、平行宇宙、量子纠缠、海森堡的测不准原理之类的术语。

某个周末，我回到家惊讶地发现书桌上多了一摞书，有《上帝掷骰子吗？——量子物理史话》《三体》《时间简史》……都是我想看还没来得及去买的。原来妈妈看到我这段时间总在关注这方面的知识，也很感兴趣，就买了这些书，自己读着觉得好，就向我推荐一番。

最让我对妈妈刮目相看的是，她主动跟我谈起了牛顿、爱因斯坦、尼尔斯·玻尔、埃尔温·薛定谔、黑暗森林法则、降维打击……当妈妈话语中不经意间说出"相对论""黑洞"这些词时，我忍不住脱口而出："您竟然也知道'黑洞'？"**妈妈得意地说："小瞧我了吧！我也在不断学习呢！"**

父母与孩子之间，其实不必然是一种管教和传授的关系，很多时候，我们也可以相互促进、相互激发，这样的关系反而会让人觉得亲密。比起已有的经验，父母面对社

> 学霸说
> 妈妈没有简单地用语言教育我，让我多学习科学知识，而是用实际行动在践行着学习精神，而这种学习精神一直感化着我。

> 心理学博士指导小记
> 在互联网和各种新科技蓬勃发展的当今时代，文化反哺或者数字反哺现象日益普遍。家长要转变心态，向孩子学习，共同成长。

① 有效教养的力量　　047

会发展和未知领域的态度，对孩子影响也非常巨大。如果**父母可以以一种更加开放、积极、进取的态度，用一种坚持学习、不断攀登的精神，来应对时代和社会的变迁，那么孩子也会在他们的影响带动下，成为与时俱进、乐观进取的人**。毕竟，在今天这个日新月异的时代，终身学习的能力已经成为一个必备技能，父母千万不可成为孩子学习路上的天花板。

> ★ **有效教养词典** ★
>
> 　　成长型思维模式认为，人的天赋是起点，人的才智可以通过后天的锻炼而提高，只要努力就能够做得更好。
>
> 　　与之相反的固定型思维，认为人的天赋能力是早已注定的。如果一件事情很困难，他们习惯于放弃。

第6篇
手记

> 能坚持下去的兴趣，
> 培养起来才有意义

从小到大，家长都在教育孩子做事要坚持。但有时候，也需要及时止损和放弃。

> 在现在的教育压力下,为了给孩子谋求更美好的未来,很多家长都会选择早早培养,让他们赢在起跑线上,其中重要的一点就是对兴趣的培养。
>
> 但很多情况下,孩子是今天喜欢这个,明天喜欢那个。喜欢归喜欢,如果不能坚持下去,这样的喜爱只能维持一时,孩子浅尝辄止后就没了下文。作为父母,发现孩子的热爱,并协助孩子很好地坚持下去,只有这样的兴趣,培养起来才有意义。
>
> 什么又是能坚持下去的兴趣呢?很多人心中有不同的定义。但总结下来无非就两种,第一是孩子发自内心喜爱的,也有想继续学习和坚持的欲望;第二种就是虽然没有那么喜爱,但是出于各种目的也愿意持续付出,比如对升学需要的英语和数学等学科的付出,虽然兴趣不大,但是也需要持续学习。
>
> 作为家长,我们怎么才能敏感地捕捉到孩子的兴趣点?怎么鼓励孩子去放大自己的兴趣进而转化为学习的动力呢?当孩子有畏难情绪时,又如何在尊重和理解孩子想法的基础上帮其取舍或鼓励孩子继续坚持下去呢?这些,都是难题。

学霸成长手记

郑梦凡 高考总分：671
毕业于河北省衡水第一中学
现就读于北京大学法学院

小时候，我在网络视频上看到了大提琴这种乐器，瞬间就被它的那种优雅、深沉的风格给吸引住了，如果学成后即兴给朋友们演奏一曲，一定很酷，所以**我央求妈妈给自己报名了大提琴的学习**。比起别人都是父母强迫才去学习，我能自己主动提出，妈妈当然是求之不得，她非常痛快地就把我领到了老师面前。

比起吉他、钢琴、架子鼓这些，大提琴其实是一个相对冷门的乐器，刚一见面，老师就提了一个条件——每天都要坚持拉琴半小时，如果能做到就可以开始学习，如果做不到的话，即便是学了，也很难有什么成果。当时我学琴心切，想也没想就答应了。

一开始学琴，我是很兴奋的，老师教怎么拿琴弓，怎么拉弦，怎么运弓，这些都让我觉得很新鲜，每天都会非常开心地按照老师的要求进行课后练习。很快，我就可以拉出一些简单的曲子了，这让我激动万分，自信满满。

后来，学的曲子难度越来越大，老师要求课后必须练习巩固，下一节课要回课。我一开始拉简单的曲目时，有不会的地方，妈妈还可以通过查资料给我指点一下，但当越学越难时，妈妈也无力再给我指点，经常是一遇到不会的地方，练习就会卡在那里，无法进行下去，时间长了，我的自信和动力在不断地消退。

随着年级的升高，学习任务也越来越重，每天都要拿出大半的课余时间去完成各科老师布置的作业，**即便能空出一些时间，但我也变得懈怠，根本就不想继续拉提琴了**。学到后来，一周能练一次

心理学博士指导小记

我们在做决策时应该考虑的是当前的、现实的利益情况和未来的收益，不应再多加纠结已经无法挽回的成本，也就是不要被"沉没成本"拖累。

从小到大，我们都在教育孩子坚持。但有时候，对于无法继续培养的兴趣点，需要止损和放弃。

> **学霸说**
>
> 如果我真的很热爱大提琴，又怎么会自己主动放弃呢？这次失败的学习经历，大概也和妈妈当初没能摸清我的真实想法和意图、没有和我做好沟通有关系吧。

就不错了，大提琴老师对我的表现很不满意，因此，每次上课也成了一件让人为难的事儿。

我曾多次提出不想再继续学习下去了，但是妈妈态度变得强硬起来，死活不同意我的要求，当然，回绝我的理由也很多，甚至她还动员父亲来监督我。她的意思很明确：我得坚持下去，**这时候放弃，那不相当于白学了？**

后来，我开始阳奉阴违，结果就是拉琴没见成效不说，自己学校的功课也落下不少。<u>无奈之下，妈妈终于认清了事实，在学到第四年的时候，妈妈选择了让我放弃。</u>

其实，在学琴过程中，当我感觉不到进步时，自己首先就已经陷入了痛苦的深渊，这时候，再加上父母的不理解和严厉管束，反而是更加激化了矛盾。**当兴趣变成了一种强制，一种负担的时候，**

一味的坚持可能并不能给人带来良好的体验。幸好,父母及时发现了我的问题,没有一条路走到黑,及时止损不失为一种明智的选择。

与之相反,另外的一项爱好,却是我从小到大一直坚持下来的。

在我还小的时候,父母并没有对我的课外生活作出过多的约束和限制,我最大的快乐就是看电视和与朋友们玩耍。但是等上学之后,爸爸妈妈就产生了担忧:我整天不是看电视就是疯玩,学习会不会耽误呢? <u>但是父母一致认为,不能强硬地约束我进行玩耍,这既是为了让我拥有快乐的童年,也是为了不让我对读书和学习产生厌恶。</u>

后来我认字了,开始对语文课本和家里一切能读的书籍、报纸感兴趣,尤其是故事书,更是一拿到手就非读完不可。**爸爸发现后,直接给我买来一套十二本的故事集,**涵盖了国内外的神话、寓言、民间传说,我高兴坏了,一会儿让他们给我读,一会儿自己读,小小的我沉迷其中,不亦乐乎。不得不说,爸爸选择从故事书入手,很是能调动我对阅读的兴趣。之后,<u>我便经常主动向父母提出买书的要求,父母总是不遗余力地满足我。</u>

随着阅读内容愈加广泛,父母又进一步开始担忧了——我过多地阅读类似冒险、科幻类的小说,是个正确的选择吗?会不会耽误课内的学习任务呢?在询问了我的

> **学霸说**
> 在这件事情上,我还是非常感谢我的爸爸妈妈,他们不像有些控制欲强的父母那样严格控制孩子的娱乐,这样的培养方式也让我成长得健康、快乐。

> **学霸说**
> 是爸爸妈妈在阅读方面给我的无条件的支持帮助,让我能够从小拥有一个丰盈富足的精神世界。

①有效教养的力量

想法之后，爸爸妈妈和我约定，阅读课外书不能影响学习，而且要注意内容的选择，我欣然答应。在这之后，<u>我的阅读偏好还是一贯的，他们并没有对我做出过多限制，我仍然可以读自己喜欢的任意书籍，但与此同时，他们也在尝试对我进行引导</u>，比如帮我订购了儿童文学、实用文摘等适合小孩子阅读的杂志，还购买了一些儿童版的经典名著，这些书籍对我的吸引力也很大，自然而然，我的阅读偏好也不再是父母担忧的事情。

在当时，每当我听朋友们谈起他们总是需要向父母刻意隐藏自己读的那些"不务正业"的书籍，甚至还要在家中百般斗争，我就**倍感庆幸，我的父母给了我一个多么自由的阅读环境啊**！我一直对语文学习有种不费吹灰之力的感觉，其他如政治、历史也是不在话下，我认为这都是阅读给我的回报。而在长大之后，阅读更成了我

> **心理学博士指导小记**
>
> 　　虽然孩子起初只爱读故事书，与父母的初衷不同，但是父母没有粗暴限制，而是巧妙引导，不断挖掘孩子的阅读兴趣。孩子能够自发地长期坚持阅读离不开父母的悉心培养。

的一个习惯，持续让我受益。

为什么爸爸妈妈在培养我阅读兴趣上能取得如此大的成功呢？我认为，是他们发现了我喜欢看故事的习惯，这虽然与他们所期待的阅读差距较远，但是，<u>他们敏锐地抓住了我的这个兴趣作为切入点，并充分地将其放大，成功地引导我转变为对阅读本身的兴趣</u>。在这个过程中，我得到的从不是打压，而是不断的鼓励和潜移默化的引导，这也是我能持续保持对阅读的兴趣的原因。

回想起自己的成长过程，父母将我养大成人，其辛苦自不用说。但在这个过程中，父母对教育这件事花费的心力也绝不算少。**当我表现出对某件事的兴趣时，他们往往极为高兴和支持，当我丧失兴趣的时候，他们会劝说，会坚持，但是如果实在无法挽回，他们最终仍然会选择尊重我的决定。**现在我已经进入大学，开始了较之前相对独立的生活，我也常常思考之前那些年和父母的相处，感谢父母，他们也许不理解，但是最终却总是会选择尊重我，他们也明白与其让我把时间耗费在自己不擅长的事情上，不如果断放弃，把这个时间投入到自己感兴趣的地方，因为每个人的时间都是有限的。希望我的经历能给后来者以些许帮助。

> **学霸说**
> 正因如此，我一直认为我的父母是智慧的父母，他们的这个选择，让我把自己真正喜欢的兴趣爱好坚持了下来。

> **心理学博士指导小记**
> 感谢这位同学为我们分享了最宝贵的成长经验：并非所有的坚持都值得肯定，有些时候，学会放弃和止损是为了更好地将时间和精力分配在重要的事情上。

> ★ 有效教养词典 ★
>
> 沉没成本,是已经投入且无法挽回的曾经付出的代价。决策心理学研究表明,人们天然地厌恶损失。为了避免损失,人们可能会沉溺于曾经的付出而做出非理性的决策。而在教育孩子的过程中,家长应该避免陷入"沉没成本"的旋涡。

第7篇 手记

示弱是一种高级的教育方法

家长适时的示弱可以成为孩子学习的动力。

> 作为家长，都不希望看到孩子对学习提不起精神，甚至产生厌恶的情绪。但万一有了这种苗头，我们又该如何应对呢？这时候，学会示弱不失为一种好的方案。
>
> 不少家长认为在孩子面前示弱就是丢了面子。但事实上，示弱是一种高级的教育方法。
>
> 为什么说"示弱"作为一种教育方法，是较为高级的呢？我们要看到，这种方法确实行之有效。在自己的孩子面前低头这件事，本身并没有什么丢人，而让孩子感受到我们的困境和他们的被需要，并且，当看到在他们的帮助下，我们的难题得以解决，孩子心中也会洋溢着自豪和成就感，在不知不觉中，孩子学习的积极性自然就被调动了起来。
>
> 那是不是不管什么时候都要示弱呢？显然并非如此。过度的示弱很可能会使得孩子形成傲慢的性格，逐渐"膨胀"，甚至会误以为家长本来就"弱"，从而对家长产生嫌弃或厌烦的情绪。这种情况显然也是我们不想看到的。
>
> 因此，学习如何适时适度地向孩子示弱，是所有家长的必修课。

学霸成长手记

程楚晋 高考总分：678
毕业于江西省景德镇一中
现就读于清华大学未央书院

我的家庭勉强算一个书香门第。爸爸特别爱看书，尤其是古代经典；妈妈是一位初中化学老师，在她的专业领域也是小有建树。在我初三那年，妈妈曾兴高采烈地想来辅导我的化学，但直接被我毫不客气地怼回去了。而当我步入高中，她就更是没有机会来管我的这门功课了。

随着年级的渐渐升高，不知什么原因，我对化学这门课的兴趣不升反降，考试成绩也一度处于班级的中游水平。**而越是成绩不理想，我就越提不起劲去提升它。**这种情况持续了好长一段时间，直到有一天我晚自习后回到家，发现妈妈坐在书桌旁，盯着眼前的教

> **心理学博士指导小记**
>
> 　　根据发展心理学的阶段论，进入青春期，随着身体发生巨大的变化，生理方面渐趋成熟，孩子们产生了自己接近成人的感受。
>
> 　　因此，处在青春期的孩子渴望摆脱对父母的依赖，寻求掌控感，不愿受到父母的束缚，和小时候相比可能显得不太听话。但是作为家长，没必要把孩子追求独立的意向视为挑衅，可以适当地示弱和放权，满足孩子当一把"大人"的心态。

辅，一副冥思苦想的样子。

　　看到我回来，她立刻朝我招了招手，等我走近后，指着书上的一道题问："宝贝，有个学生问我这道题怎么做，**但这道题描述的现象用初中的知识好像没法解释啊，你用高中内容能做出来吗？**"我没精打采地向题目上瞅了一眼，顿时瞪大了眼睛：这道题用到的知识点，我正好前不久才复习到啊！惊讶之余，我根据大脑里残缺不全的记忆，将题目描述的现象用高中的知识磕磕绊绊地向妈妈解释了一遍。听完后，她沉思片刻，随机长长地"哦"了一声，直夸我"真厉害"。

　　看到她恍然大悟的样子，我不觉也有了一些成就感，同时又心中一凛：这次碰巧问到了我刚复习完的内容，

学霸说
妈妈像学生听老师讲课一样认真听我讲解，妈妈的激励，让我一下子成就感满满。原来，我学到的知识，也是可以帮助别人解决问题的！

算是运气比较好。下次指不定妈妈又来问我什么题，要是问到了知识盲区怎么办？想到这儿，我咬咬牙，拿出化学教材，开始了我的"化学自救计划"。

后来有一次，我碰到了这类问题的拓展，绞尽脑汁也想不明白，于是抱着试试看的心态随口向妈妈复述了一遍题目。谁知，她竟很快就解出了正确答案。<u>那时我才明白，原来至少对于这个知识点，妈妈远比我掌握得更好，之前只不过是她为了提升我的自信心，故意示弱罢了</u>。妈妈的一片苦心还是有了回报，我的化学成绩经过长时间的努力后，终于稳在了金字塔的顶端。

除此之外，另一件事则是学习古典文化。之前提到，爸爸对古代经典了解颇深，在他的影响下，我对那些典籍也是饶有兴趣。并且在爸爸的监督下，我在学业之余还会背一些诗词古文之类。只有

> **心理学博士指导小记**
> 　　家长示弱，孩子得以有机会培养经验，与此同时更加独立自信。

① 有效教养的力量

> **学霸说**
>
> 感谢妈妈陪伴式的学习，让我对古典文化的热爱没有在学习成绩的打压下被一点点磨灭。

妈妈因为工作领域风马牛不相及，在这方面完全是一知半解，正由于这点，妈妈这个"底层"人民没少被我和爸爸嘲笑为"没文化"。所以，在空闲的时候，她也会自发地进行学习。

曾经有一段时间，我的语文成绩出现了较大的波动，对于最为拿手的科目出岔子，我感到十分懊恼。那时，**我正痴迷于中国古典文学，于是错误地认为，是这些没用的课外阅读耽误了我的正常学习**，那时候，这些课外积累对于写作能力的增强、综合素质的提高有怎样的作用，我并不深知，甚至开始抱怨自己在这上面浪费了太多时间，还不如多刷几套卷子来得实惠，因而对古典文化的学习热情也下降了不少。

但不知从什么时候起，<u>妈妈开始经常坐在我旁边，拿着一本《论语》认真研读</u>。起初我以为她只是一时的心血来潮，但后来的事实表明，她竟然长期坚持了下来。有一天，妈妈突然冷不丁地问我："宝贝，'学则不固'应该怎么翻译啊？书上的译注我觉得不太通顺。"我乐了，这句话我背的时候不也理解了半天嘛！于是我头一昂，神气十足地解释道："所谓'君子不重则不威，学则不固'，意思有多种理解。我一般是把这两句话当作两个部分来看，所以它们之间是并列的关系。'学则不固'的意思就是加强学习就不会使自己变得固执鄙陋。"

妈妈顿时恍然，连连点头说："这样我就能理解了。"我不禁十分得意，嘴角止不住地上扬。爸爸在一旁听了，也是微微一笑。从那以后，我重拾了对经典文化的热情，语文成绩也在不知不觉间回到了顶尖。

<u>回想起来，当时妈妈明明可以询问水平更高的爸爸，但她却选择了向我寻求帮助。究其原因，大概妈妈是希望通过她的主动示弱，将我学习古典文化的积极性再次调动起来吧</u>。我想，我没有辜负她的一番深意，甚至连高考的古代文化常识题，我也凭借着深厚的课外文化底蕴顺利拿下。

仔细想想，我们有时会丧失学习的积极性和主动性，很大程度上是因为我们对学习这件事失去了兴趣，或者说找不到学习的意义

心理学博士指导小记

　　有的家长囿于面子，很难放下架子，总要彰显家长威权。实际上，适当示弱可以避免与青春期孩子"硬碰硬"带来的直接冲突，化解传统型家长包办一切所带来的隔阂。

> **心理学博士指导小记**
>
> 这种以柔克刚、以退为进的教育方式的确充满智慧，值得广大家长借鉴。而让孩子复述知识，讲给家长听，这正是运用了费曼学习法。不仅是学业方面，生活上，也可以放手让孩子承担一些家务琐事。

所在。而作为一种高级的教育方法，<u>家长的示弱给我们提供了一个学习的兴趣点和意义</u>。当我们发现自己通过学习能够帮助别人解决难题，**内心对于学习的认知就不再局限于只为自己而学的范围，而扩展到了"学习可以传递知识来帮助别人"的大格局中**，这时积极性就被充分调动了起来；而当我们在努力学习后，实实在在地为别人解答了疑问后，内心又会不由自主地产生极大的成就感，这种成就感又促使我们继续学习。这样一来，"正循环"自然就形成了。而触发整个过程的，正是家长在适当时机下的主动示弱。

妈妈是一名老师，从事的是教育事业，但对我来说，她的身份只是一个普通的母亲，对孩子的教育与对学生的教育自然不可一概而论。妈妈常对我说，她一直在学习怎么去当好一个母亲，也一直在学习怎么更好地教育我。在过去的18年里，随着我的不断成长，

① 有效教养的力量

妈妈也在不断地学习与调整。如今我已步入成年，此时细细品味妈妈的教育方式，我依然认为她的示弱教育绝对是出类拔萃的，并且收效颇丰。**适时地向孩子示弱，既能让孩子热情洋溢地去学习，又不至于使孩子过于膨胀，其中对平衡点的把握，正是妈妈做得最为出色之处。**我想，未来对我的孩子，妈妈的这一套教育指南，依然可以作为我学习的最好教材。

★有效教养词典★

费曼学习法是由著名物理学家、诺贝尔奖得主理查德·费曼提出的。其核心步骤就是通过用简短的语言，向他人解说一件事（一个知识点），来检验自己是否真的弄懂了这件事（知识点）。

第8篇手记

学习自律的孩子会更快乐

让孩子做时间的主人，给孩子自我管理的权力。

> 以前，学生学习的主要场所是学校，老师对孩子学习的作用和影响会更大，家长只能关注到孩子在家里学习的状态，因此孩子自律与否的问题并未凸显出来。然而，在后疫情时代之下，线上远程教学更加普遍，尤其是在家上网课期间，孩子的各种问题暴露在家长面前。"孩子总是坐不住""孩子写作业经常发呆""孩子学习效率低""孩子上网课玩游戏"……一系列问题加剧了家长的焦虑。
>
> 孩子能够自己要求自己，自己约束自己，主动提升学习的意识是所有家长的期待。自律不仅会让孩子的学习成绩提高，而且会给孩子带来强烈的成就感和幸福感，让学习变成一个快乐的过程。专注、高效、认真是培养自律的附属红利，对孩子的成长大有益处。
>
> 那么，究竟该如何培养孩子的自律，以及让孩子爱上自律呢？

学霸成长手记

尚馨蕊　高考总分：**663**
毕业于山东省东营市第一中学
现就读于清华大学日新书院

要培养孩子的自律，首先我们要理解"自律"究竟是什么意思。"自律"指自己约束、管理自己，内发地、主动地去改变自己，让自己变得更优秀。自律的核心含义就是"主动"和"改变"，而且这种"改变"是向上向好的。**自律不是目的，只是一种方法和途径**。很多优秀的孩子都会经历从"不自律"到"认识自律"到"学会并爱上自律"的成长过程。我就是一个活生生的例子。

小时候，我在写作业的时候，妈妈总会在一旁读书作陪。那时候，我经常因为数学题解不出来而走神，每次走神就容易发呆，发呆一段时间之后，突然想起来自己还在写作业，就会惶恐地看一眼

> 学霸说
> 发呆走神的时候，妈妈并未用言辞呵斥我，而是用榜样的力量影响我。

身边的妈妈，可是妈妈根本没有注意我，妈妈的目光始终落在书本上，仿佛书中有分外吸引她的地方。榜样的力量是无穷的。曾国藩说过："律己足以服人，量宽足以得人，身先足以率人。"我连忙羞愧地继续写我的作业，不敢再走神了。

后来，我因为好奇，就问妈妈书中有什么有趣的东西能让她这么入迷，妈妈笑着告诉我，是因为书中的文字太晦涩难懂了。我不理解，为什么难懂还要一直读，换一本不更好？妈妈说，因为读一遍读不懂，所以才要更专注地读，多读几遍，直到读懂以后就会非常有成就感。听了妈妈的解释，我突然联想到，**妈妈读书的过程跟我解难题的过程不是很相似吗？**我恍然大悟。后来，每当我遇到难题一时间解不出来时，我总会回忆起妈妈当时专注的状态。此后，我在学习中再也不会因为难题而走神，自律能力有很大提高。

> 学霸说
> 我从妈妈身上学到的，不仅是读书的认真状态，更重要的是"为什么这么做"——也就是认真专注的内在原因。

但是外界的诱惑实在太多，在小学的时候，**我曾经沉迷于电子游戏**。周末经常一打开电脑游戏就玩半天，还会因此与妈妈发生争执。那段时间，我的学习成绩飞速下滑，而且精神状态很不好，白天打盹，上课走神，晚上也没有精神学习，这引起了老师的注意。老师警告我上课要认真听讲，当时我虽然十分羞愧，但又有一点叛逆心理作祟。由于我的状态始终没有什么改善，老师竟然要进行家访。我这才紧张起来，回到家扭扭捏捏跟妈妈说老师要来家访这件事，当时我想妈妈肯定要对我进行一番教育了，甚至开始做出了"壮士一去兮不复还"的心理建设，没想到妈妈并没有批评指责我，而且**她非常理解我在这个年纪喜欢玩电子游戏的状况**。哪个小孩不贪玩呢？她认为我之所以沉迷电子游戏而影响学习，肯定是在学习和娱乐的平衡上没有做好，不会制订学习计划。

等到老师来家访时，她们一起帮我分析原因，给我提出改进建议，并且妈妈还请求老师帮我制订了一份学习计划并向老师保证，一定能够帮助我戒掉沉迷电子游戏的坏习惯。老师走后，妈妈主动向我表明立场："妈妈并不是禁止你玩游戏。我们约定好，以后**每周末给你2个小时玩游戏的时间**，前提是先要写完作业，并且到点就关机，好不好？"妈妈的鼓励让我羞愧难当，连忙点头。妈妈拍了拍我的肩，说："我相信你一定能够处理好学习和玩游戏的关系，下次考试证明给我看吧。"<u>最后，妈妈用平静且温和的方式帮我戒掉了电子游戏的瘾，我一改之前没精打采的模样，快速调整好了学习状态。</u>

妈妈用"无声胜有声"的支持和鼓励，让我明白，自律就是要"约束自己"，必须与外在的"诱惑"（比如玩乐）和内在的"欲望"（比如沉迷游戏）做斗争，一旦哪条防线没有守住，都会不小心陷入不自律的泥潭。

学霸说
感谢我的妈妈没有给我一顿劈头盖脸的"狂风骤雨"，而是用温暖的方式润物细无声地感染我、鼓励我。

① 有效教养的力量

> **学霸说**
>
> 　　家长们总告诉孩子"学习是给自己学的",可是他们却常常忽略了这种"给自己学"背后需要的强大的自律性、自驱力。所以,家长要培养孩子的这种自我肯定的态度和自我驱动力。所幸我的妈妈一直在用正向激励的方式鼓励我,帮助我培养学习上的自律感。

　　孩子也是有思想的,是有理性的,其实,无论孩子是否表达,**孩子往往会因为自己的不自律而感到羞愧和自责**,心里会有一种声音——"怎么又走神了,下次一定不能摸鱼"。所以,<u>这时如果家长能够给予鼓励,会让孩子"下次不能摸鱼"的想法更加强烈和坚定</u>,而如果家长采取批评态度,孩子或可能因为伤心而自我怀疑,或因为自己丢了面子和尊严而故意跟家长对着干,激化亲子矛盾。感谢妈妈在我的成长历程中的理解,在我因不自律取得不好的后果时用包容激发我主动学习的动力。

　　在我恢复正常的学习状态后,成绩稳步提高,可是我渐渐骄傲了起来,给自己的期末考试制订了班级前三的目标。我一直很认真地学习,可是随着期末临近,因离目标还差很远,我变得焦虑,甚至对考试有些恐惧。在周末跟妈妈一起去图书馆的时候,我正被试卷上一个个红叉叉弄得心烦，看到妈妈在写什么东西，仔细一看，原来是阅读计划——4月读一本书，5月读一本半并书写阅读感悟，6月阅读两本。看着妈妈列出的清晰的、一步一个脚印的计划，我突然意识到，我自己的计划和目标定得太高了，**合理的目标和计划应该是循序渐进的**，如果期望过高，好高骛远，或者目标设定不合理，只会带来挫败感。基于这个认识，我修改了期末目标——考到班里前十，等到下学期再冲刺班里前三，我一下就轻松了许多。我这样调整之后，在备考过程中不仅能充满激情地高效自律学习，而且也有了很多放松调节的时间，成绩果然没有辜负我的努力。

其实道理很简单，如果目标设定过高，必然是无法给孩子带来长期"自律"动力的，应该将长期目标和短期目标分开，合理规划，正如俗语说的，一口吃不成胖子，一步两步也是达不到高远的目标的。

到了高中，学习压力变大，周末在家里，我经常会学着学着就睡着了，或者走神了，当我回过神来时，总是很自责，觉得自己又浪费了时间，并且学习效率太低，也让我认为学习真是世界上最痛苦的事情。有一次妈妈看见我走神了，我正在担心妈妈是否会唠叨我，没想到，她端了一盘水果，让我休息一会儿。我有点错愕，但也很坦白地说："哎，我控制不住，不自觉地就走神了，又把时间

心理学博士指导小记

明确目标——目标清晰，兼具长短期规划，且不能过高导致无法实现。

心理学博士指导小记

匹配难度——技能与难度之间要匹配。当孩子所面临的挑战难度太大，很容易焦躁、受挫；当挑战特别容易时，又会枯燥、厌倦。家长要帮助孩子寻找二者之间的平衡。

> **学霸说**
> 学习的过程中，有无数个让人觉得艰苦疲惫的时刻。而在这种时候，妈妈给我的一句温柔鼓励、一个简单果盘，都能给我无限大的力量。

浪费了，我还是赶紧学吧，把时间找回来。"妈妈却说："没事，学累了可不就效率变低了嘛！休息休息再写效率更高，先来吃水果，我都准备好啦！"妈妈的理解和鼓励让我有了更强的学习动力，在休息之后的学习过程中，我不仅十分自律，而且效率很高，没有再因为走神而拖慢计划。

如果我们只把自律看成是一种自我折磨，是一种痛苦的体验，那么肯定能放纵一会儿就放纵一会儿。但其实**自律的本质是"变优秀"**，而且自律并不完全是"痛苦的体验"，放纵也不完全是"快乐"的。

心理学中有一种"心流"状态：全身心地专注于当前的事情，获得极大的价值与满足感，以至于忽视了身边的一切以及时间的流逝。而我有幸也感受到了这种状态。当我在妈妈的影响下全神贯注地沉浸于当下的任务和目标时，我感受到了从未有过的快乐和充实。

一开始进入"自律"状态的过程，会是"诱惑"和"欲望"反复斗争，在"自律"与"不自律"之间反复横跳的过程，这个过程就是我们的认知里所谓的"痛苦"，但是，当进入"自律"状态后，专注会让我们沉浸于知识的乐趣，也会让我们在知识里感受到获得感和成就感，这种快乐是持续性的且非常强烈的。而在"及时行乐"的放纵里获得的"快乐"其实不是真正的快乐，只是多巴胺的分泌带来的刺激感,当激情散去,剩下的只有空虚和无聊,而那种空虚会引发自责、后悔等低沉消极的情绪,是一种更似深渊的"痛苦"。这是我对"自律"的理解。

我觉得,我之所以能养成自律的学习习惯,妈妈的鼓励、理解和行动上的启发起到了很大的作用。因此,家长可以通过话语和行动支持孩子培养自律的习惯,多给孩子一些激励和理解,为孩子创造一个利于自律的环境,**陪伴孩子,理解孩子,鼓励孩子**,而不是站在对立面一味苛责、要求和批评。只要家长能够科学充分地认识"自律",并以理解的心去鼓励孩子,就能帮孩子培养自律的能力。

心理学博士指导小记
即时反馈——当孩子做出尝试时,及时给予肯定,促成"努力—成就感—努力"的闭环系统。

★ **有效教养词典** ★

心流,积极心理学家米哈里·契克森米哈赖提出的概念,指的是当人们沉浸在当下着手的某件事情或某个目标中时,全神贯注、全情投入并享受其中而体验到的一种精神状态。

第9篇手记

孩子要什么，家长就给什么

重视孩子的心理需求，并尽力满足他们。

> 在生活中,当孩子提出物质需求的时候,家长往往会不假思索地全部满足。但在学习过程中,孩子一旦有自己的想法,却总是被父母各种压制。
>
> 其实,在成长过程中,孩子的心理需求和情绪关怀需求丰富多样,如果家长看不到这些,或即便看到了却吝啬于满足,则不利于建立一种全面的和谐的良好的亲子关系,也不利于孩子的全面发展、持续进步。
>
> 因此,家长在关注孩子的成绩之余,也应该多关注孩子的心理诉求,比如孩子在遇到难题或遭遇挫折时,会更需要来自父母的理解和包容。聪明的家长能够看到孩子学习动力不足背后的真实需求,重视并尽力满足他们。

学霸成长手记

张晓倩 高考总分：**664**
毕业于湖北省武汉市第一中学
现就读于北京大学外国语学院

　　和大部分家长一样，我的爸爸妈妈将大量时间和精力都放在了我的学习上，相比之下，对我个人的关注反倒很少。尤其是升入初中之后，爸爸妈妈又开始担心我考不上好的高中，因此，只要是学校的正式考试，每次结束之后，爸爸妈妈都会迫切地询问我的成绩。

　　初中时，我没有住校。记得初二的期末考试，我的成绩还算不错，我想妈妈看到这次的考试成绩应该会比较满意。学校距离我家所在的小区很近，平日里，我一般十分钟便能够走回家。但是那天在放学回家的路上出了点小意外，就在一个十字路口的拐角处，一辆急速行驶的送外卖的摩托车刮着我的衣角就擦了过去，把我带了个趔趄,一屁股坐到了地上,外卖骑手赶紧停下车过来问我有没有伤到,我试着走了几步,活动了一下身体,倒是没什么大碍。虽说身体没受伤,但当时的情景还是吓得我心脏狂跳不止。惊魂未定的我到家后依然有点后怕,情绪比较低落。

回家看到妈妈迎上来的亲切脸庞,我特别想让妈妈抱抱,安慰一下我受惊的心情。但妈妈似乎没有发现我的异样,依然像往常一样,跟在我的屁股后面追问起考试成绩来。看着妈妈热切焦急的眼神,我突然觉得特别委屈——妈妈只知道关心我的成绩,根本就没关心过我!我比平时回来得晚了不少,妈妈竟然都没发现,也没想起来问一问!

"妈妈,你难道只好奇我的考试成绩,不好奇为什么我回来晚了吗?"

妈妈这才发现我回来得比平时晚,但她显然会错了意——她反而继续追问我,是不是没考好,不敢回家……

这真让我无语。**妈妈什么都能往考试成绩上面联想**。我有气无力地把考卷从书包里拿出来递给妈妈,妈妈看到了试卷上的成绩,一脸的眉开眼笑,接着,又开始追问我在班里的排名。

这时,我真的是忍不住了,没好气地冲妈妈喊起来:"成绩,排名,除了这些,你还关心什么?"

> **学霸说**
> 妈妈对于成绩的过分关注让我感觉自己被忽视,如果这样的情绪持续累积,定然对成长不利。

妈妈一脸的无辜，一脸的迷茫。我大声地喊："班级第5名，这下你满意了吧？"

我的坏情绪依然没有引起妈妈的注意，可能，她觉得我只是在撒小孩子脾气，所以听到我不错的成绩后，径自去忙自己的了。我追在身后喊道："你根本就不关心我的死活，只要成绩。"妈妈一听这个，不干了，一副受伤的模样，开始列举她平日里照顾我吃、照顾我穿，生病了跑前跑后的事例，对现在落得个"不关心"的名声反应很激烈。**我们各执一词，大吵了一架。**

吵架中，我哭着把刚刚被车刮倒在地的事情说了出来，妈妈这才意识到我的坏情绪的缘由。看着我生气又委屈的脸，她终于意识到了自己的疏忽。妈妈的脸色由刚才的气愤转向不自然的温柔，问我有没有受伤，语气中满是焦急和关心……

学霸说

若不是这次事情，妈妈确实没能够意识到自己对我生活的关心欠缺。其实，我的妈妈和天下所有家长都一样，谁能真的不在意孩子的健康安危呢？只是妈妈在学习上的关注有些过于多了而已。

① 有效教养的力量

这件事情过后,妈妈似乎从中受到了很大的触动,她不再像以前一样,一回到家就迫不及待地打听我的学习和考试情况,而是**开始留意我的情绪,关心我的状态**,会打听我在学校过得是否开心,和同学们是否交往愉快……有一次,我的成绩有明显的下降,在回家之前,我都准备好迎接一通数落和拷问的,没想到,到家后,妈妈的反应倒是很淡然,她并没有揪着成绩不放,而是平静地听我分析没考好的原因后,反过来安慰我、开解我,鼓励我"胜不骄,败不馁"。

妈妈的改变,开始让我意识到她是关心我的,只不过,**在以前的她看来,关心我的学习,跟关心我是一样的,爱分数就等于爱孩子,但在我看来,这是两码事**。一个合格的父母,应该是孩子要什么就要给什么的,这里"要什么就给什么",不是孩子贪得无厌的物

心理学博士指导小记

说得很好!人本主义心理学有一个非常重要的概念:无条件积极关注。这一概念是心理咨询的前提,指的是不对来访者做任何要求,无论来访者的行为和情感正当与否,都提供无条件的温暖与接纳。家长朋友可以吸取这一理念,挖掘孩子身上的闪光点,让孩子感到自己是有价值的,是值得被爱的。

①有效教养的力量

质上的要求,而是孩子的心理上的需求,父母要积极关注,及时补给,只有这样孩子才能从家长的身上汲取到信任、安全、爱自己和爱他人的能量。

比如,之前妈妈总担心我会偷偷玩手机,于是每次在我写作业的时候,就会把手机拿出房间。后来,妈妈果断抛弃了这种不信任的行为,不再总担心我偷玩手机,而我也觉得自己长大了,既然妈妈信任我,那我也不能辜负这种信任,虽然手机就在旁边,我却再也没有以"学习"为幌子偷玩手机。在平时的家庭生活中,**家长如果能给予孩子足够的信任,孩子也是尽量不愿辜负家长的信任的。**

进入初三后,我的学习更加紧张,老师希望我能住校,这样方便晚上上晚自习。但是,我觉得走读也一样能学习好。妈妈尊重了我的意见,每天晚上,妈妈会准时到学校接我放晚自习,早起也会送我去学校上早读。每次考试,妈妈都不再只关心分数,**只要我尽力而为,妈妈也觉得知足。**

就这样度过了紧张的初三,我顺利考入了理想的高中,后来又非常幸运地考入了理想的大学。这一切的实现,我认为最大的支撑就是我要"什么",妈妈就会给"什么",直到现在,我虽然一年内和妈妈在一起的时间并不多,但是妈妈也从未中断过她的"投喂",哪怕是轻轻地一句问候,都能带给我无尽的勇气。

> **学霸说**
> 其实很多时候,我想要的并不多,不过是学累了时的一句鼓励、孤独寂寞时的一句问候关心……而这些,妈妈都能给我。

> **心理学博士指导小记**
>
> 　　有太多家长关注孩子在衣食住行方面的需求，却忽视了心理需求。根据马斯洛的需要层次理论，需求是激励个体行为的力量。其中，生理和安全需求等是层级较低的基础性的需要，而归属与爱的需求、尊重与自我实现的需求，同样是不可忽视的。个体对不同层级需求的追求是有所不同的，家长亦需明确孩子的需求点，不要本末倒置。

　　小时候，在物质需求层面，孩子要什么，家长在能力范围内往往会尽量满足，家长认为这么做就是爱孩子。在精神需求层面，孩子同样有着丰富的心理需求，家长却往往容易忽视，比如孩子学累了，想休息一下，家长会认为是孩子想故意偷懒；孩子和朋友闹别扭了，情绪有些低落，不想去上学，家长会不问理由地威逼利诱。其实，只要家长能重视起孩子心理上的需要，及时予以指导和帮助，一切的问题都可以迎刃而解。最怕的就是家长自诩经验丰富，在孩子成长过程中，一路围追堵截，孩子永远在一种心灵滋养匮乏的状态下，那么，即便他能取得一时的成绩，但也难免以后人生的痛苦。

　　所以，家长们不要吝啬，当我们有某些心理需求的时候，尽可能地给予，我们都可以成为心理富足、勤学上进的孩子。就像那次遇到危险回家之后，我需要的是来自父母的关心和安慰；当某次成绩落后时，我需要的是来自妈妈的理解和包容；在学习和成长过程中，除了适当的监督，我们更需要的是充足的信任，等等。很感谢妈妈在那次事件后的积极转变，让我不但在学习上能轻装上阵，在我的心理上、情绪上，妈妈也给了我许多关怀和力量，让我成了一个乐观向上的人，一个时刻散发着正能量的人。

★有效教养词典★

马斯洛需求层次理论是行为科学的理论之一，由美国心理学家亚伯拉罕·马斯洛于1943年在《人类激励理论》论文中提出。这本书中将人的需求从低到高按层次分为五种，即：生理需求、安全需求、社交需求、尊重需求和自我实现需求。

第10篇
手记

> 孩子习惯了学习，
> 不学习反而不习惯

先干正事与养成"生物钟"是培养孩子学习习惯的两大法宝。

> "爱玩"是孩子们的天性，适度地休息玩耍可以提升学习的效率，但如果家长不加以正确的引导，部分孩子可能由于过于贪玩，或者是过于拖延，从而导致正事完成不了。我们作为家长，随着孩子年龄的增长，可以给予他们的帮助会变得越来越有限；但从小建立起一些好的习惯，却能让孩子受益终生。
>
> 那么，怎样培养孩子好的学习习惯，让其能够在无人督促的情况下高效率地完成老师布置的作业，甚至自己自主地安排一些学习任务呢？
>
> 除了说教，作为家长的我们更要以身作则，首先把自己的事情安排好，给孩子树立一个榜样，潜移默化地影响孩子的行为，让孩子觉得学习是一件快乐享受的事情，最终达到"一天不学习就浑身难受"的效果。

学霸成长手记

刘雅迪　高考总分：**687**
毕业于湖北省仙桃中学
现就读于清华大学能源与动力工程系

我上小学的时候，曾经有段时间迷上了一部动画片，小学放学比较早，我常常书包都不带就飞速跑回家，只为了赶上动画片的正常开播。津津有味地一边看动画片一边吃晚饭，吃完晚饭，嘴一抹，我又出门找小伙伴们玩了。**至于作业，往往是在最后快要上床睡觉了或者第二天要交的时候才想起来。**有时候父母问我作业完成得怎么样了的时候，我总是敷衍他们早就写了，实际可能是还没有动笔或者草草了事。

当又一次因为没有按时完成作业被老师批评后，我回家狼狈无力地趴在饭桌上，眼睛漫无目的地呆望，就瞥见了妈妈正在厨房里

> **学霸说**
>
> 在这之前，我似乎从来没有关心过妈妈在做什么——妈妈每天都在雷打不动地准备晚饭，似乎在她那里，这就是她的责任和工作。而妈妈的这种认真态度，也给了我很大的触动。

忙碌的身影。其实那真的是很平常的一天，妈妈也在做着平时每一天都会在这个时段做的事情——把买的菜理好、洗涮，然后做好一家人的晚饭。妈妈总是这样，之前我在看动画片的时候，她也在做着同样的事情，默默地为我们准备好晚饭，待我们都吃完晚饭后再把用过的碗洗净放好。照顾完一家人后，她才会开始自己当天的娱乐活动，比如出门散散步、和朋友们聊聊天、独自看看书等。

突然间我有点惭愧，妈妈把"晚饭"作为自己的责任，每天都是雷打不动地先做完，然后再安排自己的事，而现在，学习就是我的责任，我连最基本的作业都没有好好对待过。妈妈以前就跟我强调过，学习和玩耍并不冲突，但是希望我能自己分清事情的轻重，做好合理的规划，但我

> **学霸说**
>
> 妈妈并不是没有教育过我，但只是停留在语言上的教育总是不那么有力，我也就一直没有改变。

好像一直都当成了"耳旁风",从没有"在特定的时间完成特定的事情"这一概念。回想起来,其实爸妈都一样,无论是在自己的工作岗位上还是在家中,他们总是在特定的时间先把自己分内的事情做好,然后再在自己的空闲时间进行一番娱乐消遣活动。他们总能做到两边都不耽误,但两边都能做好,领悟到这一点后,我下定了决心——我要改变。

再回家,**我每次都提醒自己,作业还没做,做完再做其他的!** 一连几天,我都会在晚饭前先完成作业,妈妈每每把饭端上来时,都会暖心地夸我两句,这让我更是劲头十足。晚饭后,我或者看看自己喜欢的动画片或者和朋友们一起玩耍,心情也变得更加舒畅。就这样,"回家先写

> **学霸说**
> 当我暗下决心改变之后,妈妈对我的鼓励,让我有一种自己的努力得到肯定的感觉,变得信心百倍。

心理学博士指导小记

与目标相契合的习惯有助于孩子实现积极、长期地改变,它能够在无意识的层面推动孩子的行动,不需要依靠意志力。

当然,倘若要将习惯作为一种无意识的学习形式,需要持续不断的大量积累。家长可以帮助孩子建立常规惯例,从而实现持久的积极改变。

① 有效教养的力量

作业"这个习惯我一直维持到高考。

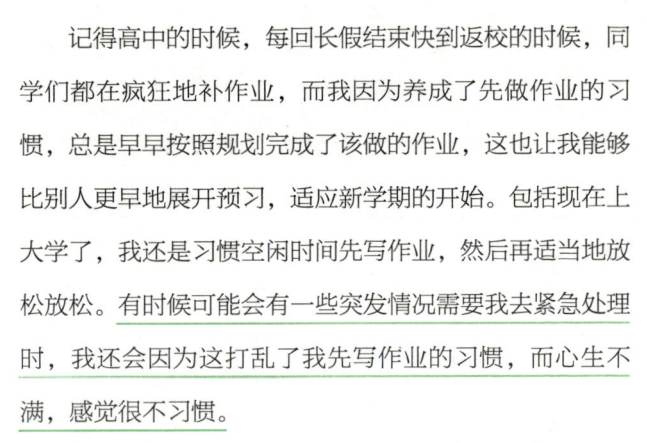

记得高中的时候,每回长假结束快到返校的时候,同学们都在疯狂地补作业,而我因为养成了先做作业的习惯,总是早早按照规划完成了该做的作业,这也让我能够比别人更早地展开预习,适应新学期的开始。包括现在上大学了,我还是习惯空闲时间先写作业,然后再适当地放松放松。有时候可能会有一些突发情况需要我去紧急处理时,我还会因为这打乱了我先写作业的习惯,而心生不满,感觉很不习惯。

当然,好习惯不是一下子就能养成的。我最初时,偶尔"爱玩"的天性还是会蠢蠢欲动,尤其是在电子产品如此普及的当下,有时回家后我会抱有"今天白天已经辛苦一天了,现在应该犒劳一下自己"的想法,投入手机的怀抱,这里刷刷,那里刷刷,往往在漫无目的地浏览完各种APP后,时间已经很晚了,而原本的安排却几乎没做。于是,**我只能在短暂地痛惜自己又把时间浪费在手机上后,熬夜赶自己的任务**。这样做不仅效率十分低下,还会造成第二天的精神萎靡不振,实在是得不偿失。

而每当我准备熬夜赶作业的时候,爸妈已经完成了他们这一天的工作或者娱乐准备睡觉了。我的爸妈是有一套自己的"生物钟"的,这个"生物钟"不是科学上的概念,而是"特定时间段做特定的事情",比如什么时候工

心理学博士指导小记

我们的行为受到各种外部因素的影响,来自环境的阻力越小,形成稳定的习惯就越容易。因此,要尽量减少来源于外部的突发情况,消除"摩擦力"。

> **心理学博士指导小记**
>
> 这里的"特定时间"就是激活习惯的一把钥匙。我们要建立习惯，最好避免太过复杂的一系列流程或决策，它们反而会阻碍习惯的养成。而特定时间做特定的事情，是一种非常简单的机制，能从时段直接过渡到需要处理的事情，不需要经过额外的思考。

作、什么时候娱乐、什么时候睡觉或者起床等，他们都非常规律。就说起床这事，爸爸每天都是五点半起床，我有时候会问他，就不能晚起会吗？他总是嘿嘿一笑，说这么多年了，到点就醒，习惯了。这样一句简简单单的话语，却让我一下子深受触动。是啊，习惯，不仅学习上有好习惯有坏习惯，生活上也有着各种各样的习惯。<u>这种规律生活、早睡早起的习惯，何尝不是我需要的呢？</u>我问爸爸："那怎样才能养成你们这样的习惯呢？"爸爸说："这有什么难的，只要坚持就好了。你听过21天养成一个习惯的说法吗？"爸爸的话让我醍醐灌顶。<u>当我在他的带领下也养成每天六点起床的习惯时，我才发现爸爸的话绝不是虚言，因为你如果还想让我像以前那样，赖床到七八点，我已经是真的做不到了。</u>

> **学霸说**
> 感谢爸爸，用最朴实无华的教育方式，帮我养成了受益终身的好习惯。

而且经过一番观察与反思后，我发现爸爸妈妈在把自己该做的事情安排好的同时，会为自己预留下许多的"缓冲时间"。我也有样学样，我会在每个假期开始的时候，先大致列下每天的时间安排，将大块时间粗略地分为几段，每一小段时间，**不仅列下自己要完成的任务，还要预留出充足的休息时间**，这样的安排不仅让我做事效率提高了不少，整个人的学习、生活节奏也变得更加从容了。

在我的成长过程中，父母的言传身教一直在潜移默化地影响着我，我也会参考他们的行为、他们的生活方式与生活态度，去适当地调整自己的行为模式。这种行为模式也将伴随我的一生，帮助我更好更快地朝着理想的方向前进。

★**有效教养词典**★

习惯，以心理学的观点来看，它是某种程度上固定且自动化的模式，以自主的方式在记忆里激活，由以往重复的经验获得。

第11篇 手记

有意识帮孩子找到高效记忆的方法

> 父母要能够让孩子更加愿意去记忆，同时更有能力去记忆。

> 学习中，孩子的记忆效率低，知识点明明学过很多遍、背过很多次可还是记不住；生活中，孩子对家长的教诲总也记不住，坏习惯总也改不了，这些都着实让人苦恼。
>
> 记忆力差作为出现在很多孩子身上的"问题"，不仅会打击孩子自身学习的激情，也会消磨家长对孩子的信心。但并非每个孩子都是生来就具有超强记忆力，要让孩子能够后天养成高效记忆的能力，家长的引导也必不可少。
>
> 那么，家长要如何引导，才能让孩子做到"过目不忘"呢？

学霸成长手记

桑宇琪 高考总分：**697**
毕业于安徽省阜阳第一中学
现就读于清华大学航天航空学院

平心而论，我并不是一个天生就记忆力很强的孩子。小时候，虽然我可以比较轻松地记住篇幅短小的内容，但每当我要记忆长篇幅的内容，或者内容比较混杂的时候，我就会非常吃力，比如要记忆类似《长恨歌》《春江花月夜》这种长篇幅诗歌，我要么张冠李戴，要么丢三落四，再要么就是个别字词记忆不准，每次看到记忆力好的同学能够流畅地背出长篇课文，我就非常羡慕，同时也开始怀疑自己的学习能力，觉得自己是不是比别人笨。

老师经常会要求家长在家抽查背诵情况，**每次背诵的时候我都支支吾吾**，而且我每次考试，**还会在默写古诗文这类并不需要太多**

思考的题型上丢分。**爸爸妈妈也注意到了这些情况,但他们没有直接要求我通过不断背诵的方式来机械性地增加背诵次数,而是采取了一些潜移默化的行动去帮助我提升记忆能力。**

不知从什么时候,**他们开始设定了家庭的"早读"和"晚读"时间,陪我一起学习记忆。**大家都知道早起后、晚睡前其实是记忆的两个黄金时间,为了提高我的记忆效率,爸爸妈妈非常希望我能好好利用这两个时间段。不过,他们并没有对我提出强制要求,反而是通过亲身示范,让我主动去"模仿"他们的行为。

以"晚读"为例,爸爸妈妈以前睡前经常习惯看手机,所以我睡前也一般看电视,或者玩一会儿电脑。但是我偶然发现,<u>他们已经好久没有在我面前玩手机了,看着他们人手一书,我笑着调侃他们的变化。</u>妈妈神秘地说她的这本书情节实在是精彩,不要让我打扰她。爸爸却一本正经地说,听说睡前看书、记东西可以记忆得更牢固,也能促进睡眠,所以他想试试。他们还建议我要不要和他们一起。刚开始,我还不太乐意,总是快快地跑开,但是**这样的情景看多了,自己无形中就会受影响**,后来我也会偶尔加入读书的队伍。早先,可能没记几分钟,我就溜号了,但是慢慢地,我在睡前能安静下来读书的时间越来越长,记忆的效果也越来越强。我明显地感觉到,有了前一

学霸说
爸爸妈妈并没有对我不管不顾,也没有逼迫我去学习,而是用实际行动帮助我制定学习记忆计划,还陪我一起执行。

100　家庭教育的秘密　来自清华北大的36篇教养手记

①有效教养的力量

天晚上的记忆打底，第二天早起再重复一两遍，即便很长的内容我居然记忆起来也变得轻松了许多，从此以后我就每天睡前坚持复习。

有的时候，在爸爸妈妈检查我的背诵情况时，我总是会遇到卡壳或是想不起来的时候，他们会出其不意地帮我串联出一个故事情节或是让我想象一个画面去辅助自己更好地理解。他们还鼓励我要像他们一样，可以尝试用多种方式来记忆知识。我也是从此接触到了谐音、联想等各种好玩的记忆方法，这也让我的记忆效率更快更准。

在记忆过程中，我一直对数字比较抵触，记得小学的九九乘法表，我就背了很久也背不太牢，而且经常记串。于是，在日常生活中，爸爸妈妈总是会有意无意地对我进

> **学霸说**
> 现在回想起来，爸爸妈妈在帮助我攻克记忆难题上真的是煞费苦心。不仅帮助我养成阅读习惯，还给我提供很多记忆方法的指点帮助。

> **学霸说**
> 这些"盘问"，其实就是实际生活中的应用题呀。爸爸妈妈没有刻意检查我的学习成果，而是用这种轻松活泼的方式寓教于乐，帮我学习记忆。

> **学霸说**
>
> 在自己不擅长的记忆方面，我自然是不自信的。爸爸妈妈显然知道这一点，所以对我多加鼓励，帮我渡过难关。

行"盘问"，比如吃饭的时候，妈妈让我分筷子时就会问，家里每个人都有两支筷子，那三个人一共是多少支筷子；还有去超市的时候，如果一个零食是8块钱，那么买3个是多少钱。小时候的我对于这类生活中的数学题非常感兴趣，每当爸爸妈妈提问时，我都很乐意回答，刚开始乘法表应用得不熟练，回答的时候还有些磕磕巴巴，但是重复多次之后，我就能够很快地说出正确答案了。理论的东西只停留在文字的层面，肯定是枯燥的，但是如果想办法将它们与实际相联系并加以应用，这比单纯的死记硬背的效果会好很多，爸爸妈妈这方面的引导方法就很不错。

除此之外，他们还会通过激励的方式，让我对记忆拥有一个正面的印象。激励方式包括语言激励和奖励两方面。<u>爸爸妈妈很少批评我，更多是以鼓励为主</u>，不会说我现在水平很差，而是会说如果你这样做可以做得更好，这让我不会轻易否定自己，会去相信自己能够变得更好。每次我能流利地背完一首长诗歌时，爸爸妈妈还会实现我的一个小愿望，比如我心心念念的一本书，我喜欢的一种小零食；或者他们会开心地带我去吃一顿大餐，或者带我去一次游乐场。这些小小的激励，可能在现在看，都是微不足道的，但是对于孩子来说，**这些小小的惊喜，都是对自己的肯定**，都能让自己收获学习上的自信，都成为我不断记忆、乐于记忆的动力。

我们一般的知识记忆，都是依托于课本的学习，但是在现实中，我们所接触的社会和家庭环境似乎与需要记忆的内容就失去了联系，这样的"脱节"其实并不利于我们高效记忆。为了弥补这种"脱节"，爸爸妈妈经常会给我搜集一些拓展资料，帮助我营造再记忆环境，比如当学到《长恨歌》的时候，爸爸妈妈给我买了一些唐代的历史故事书，这些内容不像相对枯燥的课本一板一眼，而是非常有

> **心理学博士指导小记**
>
> 　　说到记忆的技巧，不得不提及认知心理学中关于记忆的概念。同学提到了课本中《长恨歌》的记忆，如果只是死记硬背，只能作为语义记忆停留在记忆中。但通过阅读拓展材料，展开联想和想象，实质是构造栩栩如生的情景记忆。情绪、情感本身也有利于提供记忆线索。将语义记忆和情景记忆结合起来，有利于理解与学习的深入，更加准确的记忆和再认知识。

趣的、欢乐的，这不仅补充了我知识方面的漏洞，而且让我对当时的历史充满了好奇，就像《长恨歌》中所写的唐明皇和杨贵妃，我记忆与之有关的内容时，不再觉得他们是单纯的离我们久远的历史人物，而更像是在**感同身受地体味两个朋友的一段无奈的人生**。我们一起看历史剧的时候，还喜欢**玩一些挑错游戏，爸爸妈妈经常会问真实的历史是这样的吗？如果不是，那应该是怎样的呢？**这时，我总是会绞尽脑汁地想出一些答案来彰显自己的聪明，**他们每每都一脸崇拜**。

现在，当我在学习和生活中遇到不甚了解的内容时，我依然会非常乐意去主动寻找、关注一些相关主题的课外资料或者其他延展内容，目的就是不断丰富自己的知识面。这不仅让我对课本知识的记忆更深刻，而且更刺激了我探究的兴趣。

成年之前，孩子的心智都没有那么成熟，仅仅靠自己的意志很难养成高效学习的习惯，这个时候，父母的引导就尤为关键。回过头来看我养成学习习惯的那些年，爸爸妈妈不仅给我提供了良好的物质生活，还针对我的具体情况"对症下药"，给了我很好的引导，提升了我的记忆能力、丰富了我的记忆方法。

很感谢父母在我心智尚未成熟之时，就已经开始有意识地带我走上了正确的道路，他们让我更加愿意去记忆，

> **心理学博士指导小记**
>
> 另一个巩固记忆的技巧，通过给其他人讲解所学的知识，能够强化记忆中的相关信息。说白了，一个知识记忆得有多牢固，取决于加工的程度有多深入。每一次对已有记忆的检索或提取，都是温故而知新，避免遗忘。

① 有效教养的力量

也让我更有能力去记忆。与此同时，他们没有把自己的观点、想法强加于我，不像所谓的虎妈狼爸一样，一直催我，让我去反复背诵，而是以身作则，用自己正确的行为去潜移默化地影响我，现在我已经拥有了独立、高效的记忆能力，这种能力将让我受益终身。

★有效教养词典★

语义记忆是一些既定的事实和知识，例如"中国的首都是北京"。

情景记忆是关于亲历事件时间、地点、情绪感受的记忆。

第12篇
手记

越挫越勇：让孩子在困难中获得学习的自信

父母的引导、鼓励与陪伴，能够让困难变得不再令人恐惧。

> 孩子在成长过程中难免遇见这样那样的困境和挫折，比如某一门课的成绩总是提不上去，比如在重要考试或比赛中失利，比如面对考试难以摆脱紧张焦虑的情绪等。有些困难在家长们眼中似乎没什么大不了，但是放在阅历较少、心智尚未成熟的孩子身上，如果不能正确面对和克服，则会造成很多问题：小则伤心难过，影响学习状态，产生畏难情绪；大则失去自信、怀疑自己甚至彻底否定自己，从此一蹶不振，自暴自弃。
>
> 一直以来社会上都有"挫折教育"的说法，困难对于孩子的成长是必然的也是必要的，一个孩子只有经历困境的磨砺才能真正从幼稚走向成熟，只有当他亲身经历并战胜过各种困难，才能有底气有智慧去面对未来道路上的风浪。
>
> 那么，作为家长，帮助孩子走出困境并在这一过程中完成对孩子的挫折教育就显得至关重要。

学霸成长手记

王敬淇　高考总分：**674**
毕业于河北省衡水中学
现就读于北京大学哲学系

小学时我很喜欢演讲，也曾在学校的选拔比赛中拔得头筹，有幸代表学校参加县里组织的演讲比赛。本来信心满满、自以为可以继续取得好成绩的我，到了高手云集的县级赛场显得平平无奇，来自全县各个小学的优秀同学们都有不俗的表现，最后我只取得了倒数的成绩。当时**心高气傲的我难以接受这样的结果**，躲在赛场边不停哭泣。妈妈接到带队老师的电话，第一时间赶到我身边，**给了我一个大大的拥抱**，安慰我一次失败不代表什么，以后我还有很多机会。

在妈妈的鼓励下，我又投入演讲的爱好中，但是等待我的依然是持续的挫折和失望。每次比赛,妈妈都会亲临现场,有时是加油打气,有时是默默陪伴,但<u>屡试屡败的我没有了再尝试下去的勇气,我甚至开始怀疑自己</u>是不是根本不适合演讲,天生就不具有感染力。

在我沮丧、急躁、不断发牢骚的时候,我看到妈妈却一直默默不语、安闲自若地回放着我之前的比赛视频,认真做着笔记。原来妈妈一直在细心记录着我每场比赛的表现,对比每场比赛,分析我的进步和不足,哪些地方还可以改进。看着平和又认真的妈妈,我突然平静下来,心里的急躁和抱怨也消散了很多。对呀,与其盯着别人的成功自怨自艾,为什么不静下心来找找自己的问题呢?

我也加入进去,和妈妈一起分析研究、总结教训,很快,我们发现了问题,并讨论出了解决方法。妈妈说:"相信自己,下次你一定能做得更好。"<u>妈妈的冷静、妈妈的处理方式不仅让我很快从失败情绪中走出来,而且教会我"自己和自己比"</u>,这个信念不只陪我走过一次次比赛,也陪我走过一次次学业考试,让我在激烈的竞争中保持平和心境,在竞争失利时也不气馁不急躁。

在竞争激烈的高考赛道乃至人生赛道上,各种比较难以避免,困难和挫折很可能就来自于这无所不在的比较。家长在这个过程中,要看到孩子的进步和不足,及时总结记录,适时给予鼓励、帮忙分析,<u>不要再用"你看看人家</u>

> **心理学博士指导小记**
>
> 由于每个人的生活环境、成长历程不同,个性与天资也不同,与他人进行比较时,维度是单一的,也并不客观。但是如果家长可以引导孩子和过去的自己比较,孩子将惊喜地发现,在方方面面都获得了进步与成长。

110　家庭教育的秘密　来自清华北大的36篇教养手记

谁谁谁怎么做得好，你怎么做不好？"这种简单粗暴的态度给孩子施压，而要引导孩子正确看待比较、正确看待困难，心平气和地陪伴孩子走出困境。

当然，我的高考之路并不是一帆风顺的，而我遇到过最大的挫折就是高考失利，刚刚考完的我非常沮丧，之后看到成绩，最后的分数、排名都和平时差很远，我彻底陷入了悲伤和不知所措。当我看到身边的朋友都考出理想的成绩，开始报名自己想去的大学，只有我要开始复读生活重新来过，我更加难以接受，不停地自责：为什么就我不行，为什么只有我会这样差劲，为什么只有我在复习和考试中调整不好状态，为什么只有我又要回到起点再次面对可怕的高考……这些问题萦绕在我心里，**失落、孤独、不**

> 学霸说
> 我的妈妈就从不这样向我施压，没有在本就困难重重的学习之路上给我制造更多挫折和阻碍。

心理学博士指导小记

　　社会比较是一种极其普遍的心理现象，指的是人们自觉或不自觉地以他人为尺度，进行自我评价。而与优于自己的人比较，又称上行比较。相对参照标准处于劣势时，这种情境下，人们可能会产生一种受剥夺感，很容易诱发怨恨、嫉妒、社交焦虑等消极情绪。

① 有效教养的力量　　111

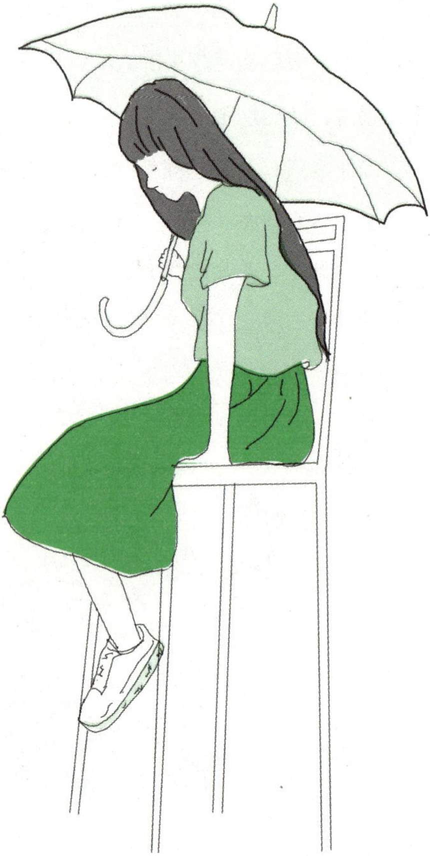

平衡的情绪包围着我。

妈妈看出我状态的不对劲，拿出了她复读期间的日记和摘抄，告诉我她曾经也是一个复读生，随后她又给我分享了她中考复读时的很多故事。那时妈妈每个周末都会留在学校刷题，从来不感到厌烦；妈妈为了省钱，中午打一份白菜吃一半，放在暖气上留着晚上吃剩下的一半……看着这些记录的内容，听着妈妈的讲述，我仿佛看到了和我一样年龄时青涩的她，**原来一向雷厉风行的妈妈也曾经面对大考紧张焦虑**；我也看到了面对艰苦复读生活毫不畏惧、破釜沉舟的她，面对村里面的人都说女孩子不该上学就应该早早嫁人的偏见，妈妈通过自己的努力证明了自己，也改变了自己的命运。原来很多最后成功的人都经历

> 学霸说
> 妈妈用亲身经历向我证明，复读不可怕，被困难打倒才是最可怕的。

心理学博士指导小记

社会心理学研究表明，人们可能会倾向于低估他人的负面情绪体验，而高估他人经历正面事件的频次。用通俗的话说，好事都是别人的，倒霉的事都被我赶上了。

这种倾向可能会造成不太好的心理体验，这时可以适当地转换思路。别人和自己都会经历挫折，"你不是一个人在战斗"。

① 有效教养的力量

过失败和失败后的从头再来,这时我发现复读也没那么可怕了。我走出孤单自卑的心境,重整心态,投入了新一轮的备考,最终取得了很好的成绩。

很多时候,父母要让孩子知道,很多挫折和困难并非只有他会遇到,很多弱点和不足也并非只有他身上存在,他并非个例也并不孤独,很多人都有着同样的经历,甚至父母也不例外。**为孩子找到"受困者同盟"**,这样他就会发现自己要面对的东西其实没有那么可怕,他会觉得:既然大家都经历过,既然大家都能战胜它,那么我也肯定可以。

之后,我选择了一所本地以严格高效著称的中学开始了复读生活,在这样的环境中,我愈发发现自己之前的很多学习习惯、学习方法存在问题,很多知识、技巧都没有扎实掌握,需要做出改变的地方很多。然而真正的改变没有那么容易,全面提高学习效率和知识精准度很难,改变原本较为散漫的学习习惯更难,这可能需要数月如一日的耐心纠正。而新一年的高考越来越近,我承受着巨大压力。这一次,**妈妈选择和我一起"出发"**。

妈妈一直很喜欢追剧,但她为了给我作出榜样,却要求自己每天背诵一首诗词,每月看一本有意义的书,当我在和过去的自己作斗争时,妈妈也在和过去的自己作斗争,我们成为共同奋斗的"战友"。我们经常在一起分享

> **学霸说**
> 当我在学习中遇到压力的时候,妈妈没有选择做一个旁观者,而是和我并肩作战。

各自的学习成果，互相讨论学习过程中遇到的困难。妈妈经常说的一句话就是："虽然我岁数大了，记忆力下降了好多，但是每天记下一点，多重复几次肯定会有长进。学习嘛，肯定不能立竿见影、一蹴而就。"**承担着繁重的工作和家庭事务的妈妈，仍然这么积极乐观、坚持不懈**，深深感染着我，让正值青春的我燃起信心，**让我没有理由不努力**，也没有理由说放弃。坚持着坚持着，一年的艰难时光很快就过去了，每天都让自己有一点好的改变，我终究达成了最初的心愿。

学习生活中，我们常常会面临一些长期任务，这些事不容易见成效，必须要靠坚持不懈的努力，毫不气馁的耐心才能一点点地达成，也许成长本身就是这样一个长期任务。当我们很难很快地得到正反馈，甚至有时候要经历长时间的瓶颈期或低谷期时，<u>家长要给孩子提供的陪伴不是旁观式的，而是尽力与孩子共同经历，一起努</u>

> **学霸说**
> 　　感谢我的妈妈，在我不同的学习阶段都能这样陪伴我、带动我，让我的学习之路走得坚定、顺利。

① 有效教养的力量

力，用自己的实际行动感染他、带动他。帮助孩子提升的同时也真正提升自己，率先为孩子建立坚持不懈、战胜困难的榜样。

　　困难并不可怕，引导孩子正确认知困难，找到困难的来源，看清困难的本质，从而摆脱畏难情绪、树立信心，自然而然可以找到战胜困难的方法。而每一次战胜困难，又将进一步促进信心增长，为孩子带来正能量，这样就建立起了成长的良性循环。

★有效教养词典★

　　社会比较是指个体就自己的信念、态度、意见等与其他人的信念、态度、意见等做比较。比如家长总是喜欢拿自家孩子的成绩与同龄孩子进行比较。

第13篇 手记

孩子不想上学，家长这样做

双方共同反思寻求改变，陪伴和积极引导很重要。

> 孔子的得意门徒子贡初入师门时觉得学习枯燥乏味，一时开始厌倦学习；孟子也有一段时间厌学；李白小的时候也不喜欢读书，乘老师不在偷偷溜出去玩……"厌学"这个问题古来就有，很多大有成就的人少时也都曾经出现过"厌学心理"。
>
> 事实上，"厌学"在当今社会也普遍存在，各个学习阶段的学生都可能出现这种心理，家长也很担忧这一问题。究其原因，主要分内因、外因两类。
>
> 内在原因可能是孩子过于贪玩，不知道如何平衡学习与娱乐；至于外在原因，多指环境和他人的影响，比如所处环境竞争压力越大越可能引起焦虑进而引发厌学，他人的行为和言语也对此有很大影响。
>
> 家长首先得承认厌学是普遍存在的，它可能反复出现，但只要尽早正确地干预，为孩子提供帮助，这个问题就能缓解直到完全解决。家长具体能做些什么呢？怎样的做法才是正确有效的呢？

学霸成长手记

甘宏健 高考总分：682
毕业于云南省临沧市第一中学
现就读于清华大学土木水利学院

  我小学一二年级的时候，成绩很好，一直都是班上的第一，因为课程难度不大，所以课后我的时间充裕，有机会发展各个方面的兴趣，算是体验到了汲取知识和娱乐的双重快乐。较高的起点，也调高了父母对我的期望，他们认为我考第一是天经地义的，他们还希望我当班干部，希望我成为他们心目中"完美"的孩子。

  但是这一形象的塑造在我三年级的时候破灭了，**我没达到他们的高要求**，数学没考到满分，总排名不是年级第一，竞选班干部失败，没能评上"三好学生"，**爸爸妈妈开始对我进行强有力的"管制"了**——他们反复和我强调学习的重要性，缩短了我看动画片的

①有效教养的力量

> **心理学博士指导小记**
> 在中国，专制型家长的比例是偏高的。专制型家长对孩子以控制为主，温暖慈爱较少，态度简单粗暴。

娱乐时间，停掉了我的钢琴和篮球练习，取而代之的是每天的数学和英语补习。按照他们的想法，学习成绩退步就是因为贪玩，就是时间没有花够。我没有反驳的机会，也不敢向"权威"发起挑战。

一段时间的折腾后，我感觉学习已经不再是一件让我快乐的事，我花了很多时间在学习上，但心里的抵触却越来越强烈。很长一段时间，我的成绩一直在前几名波动，父母便给我增加作业量，我真的有点崩溃了，每天一边做作业一边哭，考试后的成绩依然并不理想，接着又是无尽的责骂。他们一直用"为我的前途着想"的借口来指责我、安排我，我更加厌恶学习，甚至翘了一下午的课。当更为严厉的责骂落到了我身上时，我朝他们发了很大的火，"你们根本不理解我，我不喜欢学习"是我最后的呐喊，爸爸妈妈开始意识到问题的严重性了，他们主动与老师沟通了解我的情况和寻求帮助，老师给他们指出教育方式的不足之处，他们也进行了反思。

我很意外，我们有一天能心平气和地进行"谈判"，他们首先向我道歉，表明他们给我太多压力和责骂是不对的。然后他们说会改变原有的教育观念，把更多学习的主动权交还给我。他们给我提出了新的合理的要求，对我的排名不做硬性要求，保持在前列就可以，不一定要当班干部但要懂得为集体做贡献。之后我们共同商量制定适合我的学习方案，篮球课和钢琴课恢复，既有适当的娱乐时间也有充足的学习时间。

换位思考与理解是互相的。其实看到爸爸妈妈在做出改变，我也会更加主动地反思自身存在的问题，比如说没有深刻意识到学习的重要性，比如学习效率不高等。

> 学霸说
>
> 　　孩子的学习生活不只是提高成绩这一件事，很庆幸我的爸爸妈妈意识到了这一点。他们不再一味逼我提高成绩，而是让我自己做好安排，相信我对自己学习的安排能力，并且给了我课外休闲、集体活动的时间。

①有效教养的力量　　121

对于彼时的自己，真正讨厌的可能并不是学习本身，而是被施加太多压力，被别人逼着去学。有教养的父母一定不是"专制"的，不是固守旧思想的，他们肯反思自我、放下身段、寻求改变，孩子自然会受其影响转变心态，积极配合，最后消除厌学心理。

在后来很长的学习生涯中，我找回了小时候学习的乐趣，父母从"专制者"转变为"引导者"，**批评与指责很少，鼓励与加油打气很多**，我真正地沉浸在求知的快乐之中。

但是悄无声息中，"厌学心理"再一次向我席卷而来，起因便是高中课程繁多，竞争压力过大，学校整体教学节奏比较紧张，缺少休息时间。

我也知道高中生的首要任务是搞好学习，但是**当时的我很难从枯燥的理综和数学难题中找到乐趣**，我被它们击倒了一次又一次，

> **心理学博士指导小记**
>
> 　　的确，发展心理学家最为推崇的家长类型是"权威型"家长。权威型家长又称民主型家长，对孩子有合理的要求，与此同时也会说明这些要求的正当缘由。
>
> ·权威型家长注重沟通，关注孩子的需求，尊重孩子的意见，乐于接受孩子的建议。他们不会像专制型家长那样，表现得盛气凌人，要求孩子服从管束。

①有效教养的力量

直到开始逃避与厌恶它们。我一直瞒着爸妈，因为不想让他们过于担心我，但是在高考前的那个寒假，我的行为还是把自己出卖了。整天，我都一副病恹恹的样子，作业在面前可能摆了几个小时也没有动，历年高考真题在计时器下很久也没写几个字，垃圾桶中有很多我解不出题而揉成的纸团，晚上更是不受控制地掏出手机打游戏。

爸妈发现了这一问题，但是他们再没像小时候一样责骂、施压。他们深知这个阶段的我是敏感与脆弱的。<u>为了给我营造安静的学习氛围，家里所有人的动作都变得很轻巧；我学习的书桌上一直有新鲜的水果和热好的牛奶，饭桌上少不了我爱吃的菜；学习久了爸爸会提醒我休息，带我出去做体育运动放松身心等。</u>甚至家里涌现了一股学习之风，爸妈不再刷短视频和看剧了，而是开始看书。好几个我熬夜刷题的晚上，他们房间里的灯一直亮着，直到我上床睡觉他们才入睡。我能感受到他们为我操碎了心，他们付出的努力不比我少，**陪伴的力量是很强大的**，我感觉自己得到了理解与关心，我

学霸说

爸爸妈妈给我营造一个适合学习的环境，让我没有后顾之忧。这样的做法能帮助我放松心情，更好地投入到学习中去。

> **学霸说**
> 爸妈还会努力在学习上帮助我,给我一些切实可行的帮助,这对于高中阶段的学生家长来说是非常难得的。

开始重新给自己的身体和心理进行蓄电处理。

他们还从网上收集、从身边已经上大学的孩子身上请教很多关于高中的学习方法,还会给我提如何有效刷题的建议,<u>甚至和我一起尝试解答难题</u>。到假期结束的时候,我发现自己解简单题和中等题的速度越来越快,解难题时更无畏、思维更敏捷。是爸爸妈妈的正确引导让我懂得了劳逸结合,懂得了适当放松紧张的神经给自己合适的要求,懂得了多找应对策略。对于学习,我变得不卑不亢,我带着自信重新投入学习,最终取得了令我们都满意的成绩。

正确解决厌学问题需要耐心,无声的陪伴与理解有时就是缓解状况的良药。父母发现我厌学之后**没有执着于他们的期待,也没有逼迫批评**,而是默默地陪伴我,积极地引导我,这令我触动,也让我自发自愿地调整心态,自然也走出了厌学的怪圈。

"厌学"是一个棘手的问题,同时也是一个需要解决技巧的问

① 有效教养的力量 125

题。回想自己的两次经历，我只觉得**厌学是不可怕的，可怕的是逃避**，只要能正确对待，趁早解决，孩子是可以走出那糟糕的状态的。父母简单的说教与打骂，也许可以得到孩子短暂的服从，但实际上除了会让孩子隐藏起自己的真实感受之外，没有任何实际的效果。这时候，**父母的理解、包容，其实更能唤醒孩子的内在动力**，当孩子有改变的决心时，适当的引导和鼓励行为，更能让孩子重新收获学习的乐趣。

★ 有效教养词典 ★

根据管教严格程度和关怀程度，心理学家将父母教养方式划分为四种类型：权威型（高严格高关怀）、专制型（高严格低关怀）、放任型（低严格高关怀）、忽视型（低严格低关怀）。

第14篇 手记

孩子是学习的主人，学习计划要他定

孩子自己制定的学习计划，自然没理由去拒绝完成。

> 很多时候,家长们会认为孩子缺乏学习的主动性,因而从不指望孩子能对自己的学习做出规划,反而是一意孤行地擅自代劳,有时候,哪怕孩子已经明确表示这份计划并不适合自己,但家长还是会采用相对严厉的手段去督促孩子执行。
>
> 然而,实际情况是,孩子可能被迫接受了父母的安排,但是在执行过程中,却毫无动力而言,甚至会产生逆反的心理,故意拖延、糊弄,并进一步丧失了学习的积极性、自主性,在这样一个恶性循环中,结果可想而知。
>
> 与其家长一手包办,不如让孩子自己制定计划,自己决定自己的行为,更能激发孩子的自主性,这不仅能让孩子在学习中产生更多的掌控感和成就感,更对以后的人生大有裨益。那么,我们家长如何引导孩子做自己学习的主人,怎么把制定学习计划的主导权还到孩子手中,提高孩子的自主性、自觉性呢?

学霸成长手记

陶欣 高考总分：**663**
毕业于湖北省武汉市第一中学
现就读于北京大学医学人文学院

记得小时候放学回家后，**我总是先看动画片、玩游戏，往往作业拖到快睡觉还无法完成，导致睡眠延迟，第二天上课也没有精神，每天如此循环**，最后妈妈实在是忍无可忍，对我进行了干预。

有一次，妈妈问我，"你知道自己每天会玩多久的游戏吗？"说实话，我并没有在意过这一点，只记得从回家到临睡觉之前，我一直在玩，以至于忘记了时间。不过在当时的我看来，妈妈这个问题的目的肯定是想说服我或不允许我再玩耍，但出乎意料，**妈妈并没有阻止我玩**。

妈妈看着我疑惑且抵触的神情，没再继续往下说什么，而是转换了话题。她拉着我坐在书桌前，要求我和她一起来为自己制定一个时间计划表。看着眼前的一张空白的A4纸，我不知所措。什么是计划？为什么要制订计划？

妈妈已经开始在纸上画起了表格，时间、玩耍、写作业、练习等项目一个一个被列在了上面。她一边写，一边说，"你下午5点钟放学，晚上9点半需要睡觉，晚饭1个小时，剩余还有3个半小时……"妈妈嘴中念出一串串数字，我心中却不甚在意，只是隐隐约约地感觉，自己游玩的时间会大大减少。妈妈似乎注意到了我的漫不经心，便幽幽地说："那我就帮你制订喽，你可要好好遵守。"受到周末去游乐园的诱惑，我便一口答应下来。

于是，从第二天开始，我便开始按照计划表上的安排作息。时间似乎变得无比清晰，却让人更加忙碌和紧张。在路边多逗留一会儿，玩耍的时间就减少了；其他地方多耽搁一点，作业便写不完……几天下来我倍感疲惫，开始不断地抱怨计划表难以实行。妈妈笑了笑，故意并显得有些为难地说，"你不是说都交给我来制订吗？我觉得挺容易达到目标的呀。"虽然自知有错，我还是反驳道："可是你没有考虑到我的实际情况呀，我放学路上要和好朋友一起聊会天吧，有时候还想去超市买一点零食，这些都没有考虑到里面呀！"妈妈恍然大悟的样子，并非常诚恳地向我道歉，还煞有介事地说，只有我自己才能制订出适合自己的

心理学博士指导小记

孩子的学习与玩耍时间毫无规划，对计划的重要性尚且不明确。为了让孩子实际体会到时间是有限的，需要进行安排，家长首先做出尝试。

心理学博士指导小记

家长积极地关注孩子的情绪反应，对孩子有一定的要求，但是能将自主权交予孩子。从长久来看，有利于孩子实现自我管理。尤其是升入大学后，来自外界父母师长的管理松懈，这种能力更显重要。

完美的计划。

我果然大受鼓舞，积极地学着当初妈妈的样子，拿出一张纸认真地制订出了自己的第一份计划表。<u>不过，当妈妈看着纸上"玩耍3小时，作业半小时"时，就变得哭笑不得，她再三向我确认，在我的坚持下，她不再多说什么</u>，只是告诉我，"那你以后可要努力喽，半小时写作业会比较紧张哈。"

到了初中，班上有很多同学的爸爸妈妈会给他们布置各种各样的课外作业，而妈妈从来不会如此，她还是坚持之前的理念，让我自己制订计划。她最常跟我说的就是："学习是你自己的事情。"当时的我，将此视为了放纵，与小学的学习节奏一致，**将玩耍放在了第一位。没想**

> **学霸说**
>
> 自己制订第一份学习计划表，我打着多玩少学的小算盘。令我诧异的是，这一次妈妈竟然没有过多干涉，交给我极大的自主权，这让我一下子觉得自己长大了。

① 有效教养的力量　　131

到这种态度很快就给我带来了一次正面打击——初一的第一次期末考，我便成了班上的倒数。成绩下滑让我十分难过，妈妈安慰之余，依然没有强迫我做更多的练习，但她也没有任凭我消沉下去。**她只是拿来了自己的每日计划清单，把思考空间留给了我。**

妈妈打我记事起就辞职在家，我本以为妈妈每天的生活会非常闲散，但看了妈妈的计划表之后，我才明白自己井然有序的生活与每次活动的充足准备是从何而来的了。**在妈妈的计划表上，她在每一个时间段该做什么事情都写得很详细**，旁边的另一个表上则清楚地记下一些特殊的日子以及需要准备的东西。在一些闲暇时间，妈妈也给自己安排了很多活动——瑜伽课、健身课……

与我潦草的计划表相比，妈妈的计划可以称得上缜密完美了。回想到妈妈平日的行动，她总是特别强调时间的重要，也总是会在

> **心理学博士指导小记**
> 本例中家长的教养方式很值得借鉴，为孩子提供了参考，但并未限制孩子的自主性。

> **学霸说**
>
> 　　这次看妈妈的计划表，对我来说是一个至关重要的转折点。我终于意识到，制订计划的目的是更加自律、更加高效地完成学习工作，而妈妈就是我身边最好的参照。

做事之前列出细致的计划，我不禁感到十分惭愧。妈妈将制作计划的自主权交到了我的手上，这代表的是她对我的信任，但我却辜负了这份信任。对于处于青春期的我来说，妈妈的行动比言语更有力量，我很庆幸也很感激她没有去责备我，而是让我去反省自己，认识到自己行为的放纵，从而去改变我自己。

　　也是从那时起，我开始重视计划。每天出门前，我会和妈妈一起在书桌前**写下这一天的待做清单**，并在每一项的后面**标出执行的预计时长与执行时间**。放学回来之后，在妈妈的影响下，我也开始去做一些额外的作业，思考自己每个学科的薄弱点在哪里，思考针对这些薄弱点自己可以做出哪些努力来弥补缺陷。但这也滋生出了另外一些问题，我每天给自己制订的任务过多，而完成任务的计划用时又过短，从而造成很多任务没办法及时完成。这样的情况日复

> **心理学博士指导小记**
> 过高的、不切实际的目标，会让孩子产生挫败感，失去动机。制定目标要确保在力所能及的范围内。

一日，总是会让我油然生出一种愧疚感，并由这种愧疚感演变为烦躁、苦恼、焦虑。

突然有一天，爸爸妈妈同时来接我放学，而且我们并没有直接回家，而是来到了一个新建的公园，虽然惊喜、开心，但我还是开始抱怨自己还有好多事情没有做，爸爸妈妈不应该不提前说一声就带我来这儿。妈妈说："计划赶不上变化嘛！"爸爸笑着说："爸爸就今天有时间，突然就想来玩玩，你为了爸爸牺牲一下吧！"我当然只能"勉为其难"地陪陪他们啦。

回家路上，我才意识到他们带我逛公园的目的，他们只是想告诉我，计划不能按时完成在所难免，没有必要因为这个而过分苛责自己。计划是人定的，为人服务的，

学霸说
爸爸妈妈发现了我有些被计划"绑架"的问题，专门安排了一次公园游玩，用这种方式帮助我摆脱计划的束缚。爸爸妈妈为了帮助我，真的费尽心思。

<u>我们不能因为制订了计划，就成为计划的奴隶</u>。在制订计划的时候，我们还需要考虑到自身的能力，并给自己留一些弹性的空间。这是他们用实际行动在一步步教会我该怎么去制订适合自己的计划。

　　上高中之后，学业压力变大，很多同学只是去完成学校老师布置的作业都已经感到疲惫不堪，更不要说有多余时间去完成个性化的练习。但**得益于我一直以来都是自己制订计划、自己调整计划，我依然能够十分高效地去完成各项任务**。高三，大量的自习时间，很多同学都在低效运用，如何高效率、高质量地去运用这些自习时间也成为十分重要的事情。记得我当时的历史并不是很好，因此我高三前期花了很多时间在历史的复习上，时间线索梳理、专题线索梳理……我将任务从大到小，从粗到细，从总目标到细化每一天，功夫不负有心人，历史终究没有辜负我的付出。<u>真的要感谢爸爸妈</u>

> **心理学博士指导小记**
> 　　计划是手段不是目的，需要赋予一定程度的弹性，也就是我们常说的弹性计划。

妈最初的用心，才能锻炼出即便在高压下，我依然能够不慌乱地安排自己的事情的能力。

在紧张的高三生活中，自己制订学习计划，准时完成学习进度，这种尽在我掌握的感觉，让我能更加清楚地感知自己的不足和及时地查缺补漏，同时每天完成学习任务时的满足和成就，也让我在备考阶段能够从容不迫、冷静自持。

如今想来，我十分感谢父母从小便开始有意识培养我自己制订计划的能力，并总在适当的时机下，引导我不断去完善自己的计划，更好地适应自己的情况。正是他们的信任，教会了我自主地去学习，教会了我如何去掌握自己的人生。

> **学霸说**
>
> 正是小时候爸爸妈妈一点一点教我自己养成制订计划并完成计划的习惯，才让我在高三这个非常强调自主学习能力的阶段游刃有余。

心理学博士指导小记

总结来说，计划需要明确、具体，对每一步骤的学习进度有准确的把握；计划需要量化，从而计划的完成情况能被清晰地感知；计划需要务实，能够通过不断攻克小目标获取成就感，并设置新的目标。

① 有效教养的力量　　137

★ **有效教养词典** ★

　　弹性计划是指本身具有灵活性的计划，能适应变化的计划。对孩子来讲，即能考虑到计划在执行中可能发生变化的因素，能适应变化的要求，有一定的弹性。

第15篇
手记

学习磨蹭最有效的治疗方法

发现孩子写作业拖延,不妨让孩子停止写作业。

> 谈起写作业,很多家长的第一反应,就是孩子种种让人抓狂的行为,磨蹭、懒散、不催就不写……这些孩子的通病都只是我们看到的表面现象,但他们背后的行为动机可能各不相同:有的孩子是本身缺乏时间观念,不知不觉就浪费了很长时间;有的孩子则是做事时注意力不容易集中,思绪常常飘忽不定;还有的孩子纯粹是出于畏难心理,不知从何下手,只能在一定程度上用磨蹭来逃避。
>
> 有些家长会好奇,成绩好的同学是不是从来不会出现磨蹭的情况。实则不然,很少有孩子天生自律,从不需要家长的监督和辅导。那些学习积极的同学,也只不过是在求学的初期阶段,就在父母的督促引导下,早早养成了良好的学习习惯。但父母的督促是需要一些技巧的,如果只是一味地反复唠叨,孩子可能"左耳进,右耳出",依旧我行我素,不肯改变。
>
> 针对学习磨蹭这一现象,有的父母给我们提供了一个全新的思路——不让孩子写作业。这究竟是怎么做到的呢?

学霸成长手记

高明轩　高考总分：707
毕业于河北省保定市清苑一中
现就读于清华大学信息技术学院

我是六岁那年上的小学。适时，妈妈刚好被调回县城，承担小学一年级的数学教学工作。本着笨鸟先飞的理念，妈妈让我提前一年上了小学。

平日里，我妈待人温柔耐心，但在学业方面，她却是个不折不扣的严母。上学伊始，我以为有了母亲做依仗，在班中自然可以骄横些。可惜，妈妈提倡并身体力行"公平"二字，**从不因为我是她的女儿而网开一面**，反而要求更严格，罚得更狠，颇有以我杀鸡儆猴之意。在学校，我只能叫她"老师"，上课走神，作业出错，考试成绩糟糕，一样要去教室后面面壁思过。尤其，作为班主任兼数学

> **学霸说**
>
> 　　小时候，妈妈对我的学习非常严格。这样的严格管教，确实让我在学习上不敢怠慢。但谁又能保证这样的高压下的孩子不会出现逆反心理呢？

老师，妈妈非常看不惯我磨蹭的性格和懒散的做派。

每天放学后，我通常都会先去姥姥家吃饭，再看会儿电视，听听大人们聊天中穿插的家长里短，然后回家。到家开始写作业的时间往往已经拖到晚上七点半之后了。小学一二年级的作业较少，我大致可以在九点睡觉前应付完成，等年级再高一些，我便常常要拖到晚上十点，然后在第二天上午的课堂上哈欠连天。于是，**我妈开始执行高压政策**。一旦吃完饭，她立刻将我带回家，催促我安坐在学习桌前。不写完作业，她就一动不动地在旁边盯着我继续；不写完作业，我就不能开始娱乐。迫于"虎妈"的威逼利诱，我只能尽快地保质保量地完成作业，不过，这多半是出于对妈妈的畏惧心理。随着年级的升高，妈妈的管

> **学霸说**
>
> 妈妈的严格管束是小学阶段的我认真学习的主要原因。

束相对变得宽松了些,我渐渐就生出了一丝怠慢。

到了初中阶段,终于脱离了妈妈的直接掌控,我开始原形毕露。 每天上课心不在焉,晚上留的什么作业都要打电话问别人。一开始,我妈会故技重施,不断地催促监督,但这反而更加重了我的逆反心理。其实,很多家庭中都应该出现过这种情况,家长话说得越多,孩子越感觉自己的思维被拉扯,生活被支配,又不敢公然反抗父母的权威,只能采取不主动、不积极、不妥协的态度来对待家长,表现出来就是——磨蹭。这在心理学上叫做"超限效应",**这种拖沓里隐藏着对家长和学校的报复,体现着孩子被压制的意识。** 而我一直认为,我妈在之后那段日子对我作业的处理上,成功地让我完成了从被动到主动的转变。

好像是忽然的一天,又好像是慢慢演变的结果,我有些后知后觉地发现,我妈不再指责我写作业磨蹭的行为,也不再强迫我去完成作业,而是体贴地表示,我正是长身体的年纪,第一要务是保证睡眠——睡得好,第二天上课才有精神,才能更好地学习。她开始要求我,**无论作业写到什么程度,不管有没有彻底完成,都要按时睡觉。** 而这个"时",是晚上十点。妈妈的体贴还非常全面,她甚至还说,如果老师问起为什么没有完成作业,可以说,是她允许我不写的。当时的我非常高兴,这岂不是意味着,我可以正大光明地多磨蹭一会儿,少写一点作业,最重要的是,不用再听妈妈的唠叨。

但迎接我的,是老师语义不明的叹气,课堂上日渐增多的批评和期末考试下滑了63名的成绩。我的自尊心严重受挫,领成绩的当日,我是一路哭着骑车回家的。妈妈平静地坐在沙发上,问道:"这半个学期,作业爱写多少写多少,过得开心吗?"回想起每个磨磨蹭蹭又有点窃喜的夜晚,我沉默地点了点头,但**想到老师的目光和惨淡的成绩,我又轻轻地摇了摇头。**

她继续说:"每个人都要为自己的行为买单,敦促你刻不容缓去做事的不应该是我的命令和压迫,而应该是你自己生发的责任感。你现在对自己的学习负责,以后才能对自己的人生负责。如果连课堂布置的作业都需要别人三令五申才拖着写完,那我们谈什么责任感呢?"她站起身来,将我拥到怀里,轻声道:"何况,这样你并不开心。"

如果说,我一开始的泪水是出于羞愧,出于悔恨,出于不甘,那么,在那一刻,我的泪只是出于内疚。我第一次感觉到,学习是

心理学博士指导小记

对自己的人生负责,从察觉到推卸责任的行为开始。程度较为严重的拒绝为自己人生负责的行为,心理学领域有这样的概括:责任缺失障碍,人们不愿做选择,依赖其他人代替自己做选择。

> **学霸说**
> 时至今日,我还是非常感谢妈妈让我自己支配自己的学习,没有激化家庭矛盾,也没有让我抗拒学习。

我自己的事,不是家长的事,妈妈不再对我提出要求,其实是想让我变得更好,真正逐步掌控自己的人生。那天,我痛定思痛,决心改掉磨蹭和拖延的陋习,并主动请求妈妈的监督和督促。

孩子写作业磨蹭,大抵有如下几个原因:自身缺乏时间观念;专注力不足,或者自己水平确实有限;但除此之外,也不乏因家长的唠叨和催促激发的逆反行为。**我的磨蹭,大概占了三点**。我本身时间观念不强;刚上中学,知识难度增加,作业对我来说不再得心应手,我会有下意识的逃避和畏难心理;而一开始,妈妈延续了严母形象,反复的催促让我疲惫不堪。我常常会想,如果当时妈妈依旧秉持高压政策,每天不厌其烦地催我写作业,我与作业之间的矛盾会不会演化成更为激烈的家庭矛盾。答案百分之九十是肯定的,说不定,我还会因此厌恶学习。

允许孩子不写作业，不是放任自流，目的也不是让孩子丢人，自暴自弃，而是要让孩子意识到自己需要对自己的人生负责。当孩子看到不完成作业之后的后果，明白作业本身的意义，才能实现主人翁心态的转变，才能更为积极主动地完成作业和学习。而家长持怎样的态度，做出什么举动，都是这种心态转变的关键一环。

值得注意的是，**孩子心态转变后，家长也不可觉得一劳永逸**。就我来说，当我想要及时完成作业时，却发现自己很多知识都基础薄弱，想不磨蹭都有心无力。**妈妈便陪我从头补起**，我们一起学习新知识，然后练习巩固。她往往比我学得更快，练得更多，做题更细心，我常常因此自惭形秽，更决心要努力。到了高中阶段，高考语文的作文风向转变为时评文，主打素材积累的我对针砭时弊之类的文章一时感到茫然无措，无从下手。于是，妈妈开始抽空在人民

> **心理学博士指导小记**
> 　　对自己的人生负责，很重要的一点是教导孩子，只要攸关自身，无论将选择推给何人，选择的后果实质上均是由自己承担。生活中有很多的失败，承认自己的不足相对困难，认为其他人代替自己做出错误选择导致了自己的失败而迁怒他人相对容易。但是，主动放弃选择权，随波逐流的人生才是真正意义上的失败。父母要促进孩子获得主动权和控制感。

网等新闻网站浏览筛选,每天都会打印出两篇好的时评文供我阅读学习,这一坚持,就是两年。在高考结束后,我整理书柜,将那一张张纤薄的A4纸摞在一起,足有半人多高。我妈总说,她要包揽我高考作文满分百分之五十的功劳。这当然已经成为后话,但从那之后,我确实从来没有再成为磨蹭的人。

父母是孩子的第一任教师,此言非虚。很多时候,我的妈妈都兼有母亲和教师的双重身份。我一直认为,如果世界上有父母资格证考试,妈妈一定可以金榜题名,拔得头筹。我之所以能成为今日之我,和妈妈的教育思想脱不开干系,**顺势而为**,**宜疏不宜堵**,**以身作则**,**善于转换思路**。妈妈不仅巧妙地治好了我的磨蹭,还给予了我终身的教育与为人经验。

在我书桌前的墙壁上,挂着妈妈送我的一幅书法,上面写着:"少年辛苦终身事,莫向光阴惰寸功。"

学霸说

虽然妈妈教给我的原则是「学习是自己事」,但当我真正遇到困难挫折的时候,妈妈也是看在眼里,急在心里,想办法陪伴我、帮助我。

★ **有效教养词典** ★

责任缺失障碍,这种心理可能是出于担心自身选择导致不利后果(逃避决定),或者不愿承担选择出差错的责任(推卸责任),便将选择权与责任都推给旁人。但这类人群又往往对选择的结果不满,时常将失败的责任归咎他人(责备他人):"专业、工作……是你选的,我做不好都怪你。"

①有效教养的力量

"

"

第16篇
手记

想让孩子学习认真,家长别当『作业检查机』

养成查缺补漏的学习习惯非常重要。

> 孩子做题马虎，考试丢分，是很多家长摇头评价自己孩子的话语。但更多的家长在这样评价孩子的同时，又每天忙不迭地给孩子检查作业，这似乎已经成为很多家庭每天的必修课程之一。
>
> 其实，家长检查作业也只能保证作业的正确率，而对于课堂的练习题、考试题，很多情况下，家长是无能为力的。因此，培养孩子独立检查作业的习惯，养成查缺补漏的学习意识，才是克服做题马虎、考试丢分的最有效的方法之一。
>
> 有些家长可能很好奇，那些学习好的孩子，是不是从小就可以自己独立的完成作业？其实不然。我们的学习过程就像小孩子学习走路一样，最开始都难免需要父母的帮扶，但是随着父母的鼓励和自己不断探索的欲望，总有一天，我们会自愿地、独立地迈出自己的第一步。
>
> 因此，作为家长，我们需要做的不是一味地把自己变成"作业检查机"，而是需要引导和帮助孩子，培养正确的学习意识。
>
> 那么，在学习的过程中，家长究竟要如何正确地引导孩子，帮助孩子养成查缺补漏的学习习惯呢？

学霸成长手记

于思瑶 高考总分：**640**
毕业于辽宁省本溪市高级中学
现就读于清华大学法学院

还记得在上小学的时候，四则运算总是让我头疼。现在看四则运算是非常简单的，但对于当时小学二年级的我来讲，那仿佛是世界上最困难的事情了。尽管在上课和练习的过程中，我已经掌握了运算的技巧和方法，但仍会出现一做题就错的情况，这令当时的我非常的苦恼。还记得当时老师每天都会留20个四则运算的计算题目作为家庭作业，第二天会收上去进行检查和批改，还会重点表扬全部做对的同学。每一次，**我都自认为做得非常好，但却很少收获全对的结果**，更听不到老师的表扬。之所以做错，很多情况下都是因为粗心，要么是看错了数字，要么是看错了加减，要么是弄错了计算顺序，甚至纯粹是把正确的答案誊写错了。

每天留家庭作业的时候，老师都会认真嘱咐我们，做完作业之后一定要认真地检查，找到自己的错误，改正过来，这样就可以全对了。如果可以的话，也可以让家长帮忙检查，来提升正确率。禁不住几次不能全对的打击，放学回家，我也问妈妈能不能来帮我检查作业，她欣然同意。

记得那次我很快就完成了20道四则运算的题目，然后一脸轻松地把作业本递过去，**认为剩下的就是妈妈的事了**。可谁知，妈妈的第一要求却是**要看我的草稿纸**。草稿纸早被我东一块儿西一块儿划得乱七八糟，根本就找不到哪道题具体对应在哪个位置了，更不要说还原做题方法。妈妈觉得没有草稿纸她很难检查，于是非常惋惜地告诉我一定要把草稿纸认真清楚地写明白，这样才能帮助她在检

> **学霸说**
>
> 多亏了妈妈，我第一次意识到草稿纸的重要性，也意识到了不能把检查作业的任务直接丢给家长，意识到了为什么自己做题难以全部正确。

查的时候节约很多力气和时间。我第一次知道,原来做题的过程中,草稿纸是那么的重要。

那天晚上,因为没有草稿纸的帮助,妈妈只能拿着本子,**陪着我把这20道计算题重新做了一遍**,果然发现有两道题目做错了。我正要把错误的答案纠正过来,妈妈却阻止了我。她让我先想一想,这些题目在第一遍做的时候为什么会错。我仔细辨认半天,终于从那些乱七八糟的草稿纸上找到了当时的计算过程,这才发现原来这两个题目都是因为把数字看错了,才导致最后的结果错误。

妈妈让我把这两道错题圈起来,并且在作业本上把当时做错的原因也重点标注上,她告诉我,**检查作业的目的**不是为了得到全对,也不是为了获得老师的表扬,**而是要找出自己错误的原因**,这样才能真正避免再犯,才能获得更多的表扬,拿到更多的全对。

仅仅通过这一次我和妈妈一起完成作业、检查作业的过程,我就知道了草稿纸的重要作用,学会了正确的写作业和检查作业的方法。从此之后,无论是做家庭作业、课堂练习,还是考试的时候,我都坚持按照这种方法,认真地去使用草稿纸,每次做完题目,也不再依赖妈妈的检查,我会自行逐一对照每一步的演算过程、最终结果,独立地完成学习任务。果然,持续了一段时间,我做题的错误率降低了不少。

> **学霸说**
> 妈妈很明白治标和治本哪个更重要,循循善诱,做好引导。

> **心理学博士指导小记**
> 草稿纸的作用:完成对重点步骤的清晰记录,便于后期的细节分析,不会出现检查时一头雾水的情况。

① 有效教养的力量　　153

其实，现在回看这段经历，我发现关于检查作业的学习习惯，其实就是在这个阶段逐渐建立起来的。我也记得之前上学的时候，很多其他的同学家长会问我的妈妈，为什么孩子学习这么不让人省心呢？现在想来，其实我也有令家长头疼操心的学习过程，只不过是**妈妈的循循善诱、辅导帮助，让我一点一点学会了查缺补漏，独立完成。**

之后，伴随着年龄的逐渐增长，课程深度的不断增加，家长能够带给我们的专业的知识性的帮助会越来越少，但是，小时候爸爸妈妈帮助我养成的学习习惯、培养的学习意识却一直在帮助着我不断进步。

还记得也是从小学阶段开始，爸爸鼓励我去做错题本，也就是要对自己做错的题目加以总结梳理，这样才能避免之后犯同样

> 心理学博士指导小记
> 　　错题集的作用：从错题中剥离失误的原因，加以总结。

的错误。

六年级之前，我的成绩一直还不错，爸爸妈妈也从未对我有过多的担心。但是自六年级开始，面对小升初的压力，我一次次的成绩跳水，很长一段时间我不知道如何提升，每天都是焦虑和沮丧。当又一次拿着不理想的成绩让爸爸签字时，他让我把最近几次考试的试卷都找过来，让我把试卷上被扣分的题都想一想是为什么会扣分。

爸爸还拿过来一个本子给我看，我好奇地打开，才发现是爸爸的日记，里面记录了他每天工作上、家庭里、对我的教育上的一些感悟和收获。他还告诉我说如果长期努力依然无法解决问题，就需要想一想是不是方法出错了，**学习和生活一样也需要每天勤于反思，及时总结**，这样才能查缺补漏。然后爸爸手把手带着我开始对最近几次考试做试卷分析，每一个错题和扣分点都进行反思，问自己现在真的会了吗，然后又把我的错误原因写在纸条上贴在卷子的对应位置。

不整理不知道，一整理我才发现，这几次考试基本上主要问题都是审题不清造成的失分。爸爸拿出一个全新的本子，告诉我**这个就是我的错题本了**，要把考试出现的问题都写在上面，**经常翻翻看看，这样才能避免"在同一块石头上反复绊倒"**。从那时候开始，错题本成了我学习过程中的重要工具，它一直伴随我的学习成长，给我巨大的

> **学霸说** 通过看爸爸的日记，我意识到，考试是检查阶段性学习成果的方式，成绩并不是一个多么重要的指标，更重要的是知道错题为什么做错了，哪些地方自己没有掌握。适时地总结归纳，要比单纯地看成绩重要得多。

> **心理学博士指导小记**
>
> 认知心理学中有个概念：必要困难，讲的是一项学习任务需要大量深入且有价值的努力，从而获得比简单任务更为长远的收益。比起翻看参考答案后对错题一扫而过，查漏补缺的实质是一种更深层次的精细的信息加工。很多孩子经过大量的练习，但还是不断重复相同的错误，也是由于花了太多时间去做题，成了作业的"搬运工"，但很少花时间去思考错误的原因，深化对易错知识点的理解。

帮助。

通过我的经历，其实不难发现，任何孩子的成长过程都并不是一帆风顺的，所谓的那些学霸们，他们也并不是从小就知道该如何采用正确的学习方法，但父母的引导和帮助对孩子形成良好的学习习惯是非常重要的。

养成查缺补漏、独立学习的习惯，可以帮助孩子从根本上摆脱对外界的依赖，逐渐学会独立行走，抛开拐杖，这样才能在后期迅速地奔跑起来。现在的我回看过去的经历，其实发现这样的学习方法的培养，给我的成长奠定了非常重要的基础。哪怕现在我已经到了大学，这样的习惯依旧在我的学习生活中得到了体现。并且，通过一路跌跌撞撞的成长，不断丰富的人生体验，我也发现，**查缺补漏并不仅仅针对数学题、语文题、英语题，更是人生的重要命题之**

一。不要依赖别人，只有学会自省，才能给自己的人生交上一份完美的作业，这是父母带给我的重要的人生智慧，与大家共勉。

★ 有效教养词典 ★

"必要困难"的理论指的是在学习时故意制造轻微的挫败感，这样做能够促使大脑对学习材料的处理更加深入，记忆也会更加持久。孩子在学习中，进行错题总结其实就是"必要困难"理论的运用。

第17篇手记

聪明的家长懂得呵护孩子的学习情绪

弄清楚孩子坏情绪的根源,接纳并共情。

> 没有谁的成长之路是一帆风顺的，挫折与不顺心每天都可能出现，面对生活学习中的各种磕磕绊绊，人们难免会感到失落、气愤或难过，进而产生各种负面情绪。孩子虽然天性乐观，但他们必然也不是时刻都快乐、积极，家长们再有能耐，也无法满足孩子的所有需求。
>
> 当心情进入低谷状态，每个人都需要被理解，被接纳，孩子也是一样，这时候，来自父母的关爱和理解，无疑是帮助孩子走出情绪低谷的一剂良方。
>
> 当孩子不可避免地因遭遇挫折和不顺而产生负面情绪时，我们家长应该如何帮助孩子呢？当我们看到孩子出现厌学情绪、颓废情绪时，家长要不要责备孩子呢？当一味说教已经不起作用时，家长还能做些什么才能让孩子重新"满血"投入"战斗"呢？

学霸成长手记

纪博琼　高考总分：688
毕业于河北省衡水第一中学
现就读于北京大学外国语学院

　　小时候，会因为收到了一个中意的玩具开心得跳起来，也会因为玩具被弄坏而坐在地上大哭一场。每当看到我开心，爸爸妈妈也会跟着开心，当看到我伤心哭泣，爸爸妈妈总是会想尽办法安慰——玩具坏了，想办法修，修不好就承诺给我再买一个新的，那时候，他们总能有办法让我破涕为笑。

　　等到长大一些，我上学了，**进入学校这样一个仿社会群体中，每天都会遇到太多开心或不开心的事情**，比如忘记写某项作业，被老师批评；上课走神被提问，答非所问，引发同学们一阵哄笑……高兴的时候自不必说，心情不好的时候，回到家就忍不住跟妈妈吐

① 有效教养的力量

槽,"今天因为不守纪律被带到了办公室""某同学跟老师说谎,无辜的我却被训了一顿"之类,这时,妈妈和爸爸就没有能让我瞬间"阴转晴""破涕为笑"的魔法了。<u>究其原因,我的世界重心已经从家庭转到了学校,学校有学校的规矩和规则,而爸爸妈妈显然并不是这个新世界规则的制定者</u>。

在学校这个大集体中,同学之间更多会比较的是学习成绩,虽然还是会有其他的兴趣爱好和课余活动,但学习问题已经成了长大后一个避无可避的沉重话题。

过程往往比结果更重要,这是对于自己而言,他人更看重的往往是结果,而不是过程。这事放在学习上也是同一个道理。

小学五年级那段时间,我特别渴望当选班长,但是当班长的要求是各科成绩必须全部优秀,而我那段时间成绩不稳定,忽高忽低的。为了能实现这个目标,每次测试,我都小心翼翼,唯恐哪道题

> 学霸说
> 我要适应学校规矩和规则。

答不对被扣分,然而,越是想考好却越考不好,因为考试时心态过度紧张,原本简单的计算题也频繁出错,成绩不但没提上去,反而下降了。有同学就嘲笑我说"你看,就这飘忽的成绩,还想当班长呢!你怎么能给全班同学做榜样?"

我一心想要提成绩,结果却屡战屡败, 一段时间下来,我就有些泄气了,甚至对老师和同学都有些怨气:明明老师说的,当班长学习成绩好很重要,品行各方面更重要。就为了这句话,班级里什么活我都抢着干,难道老师和同学都没看到吗?我越想就越觉得愤愤不平。

有那么几天时间,早上醒来后,不想去上学,在学校里,也不想跟同学说话,一时间,同学们都问我怎么了,"为什么突然低调了这么多",**但对老师和同学的关心我表现出排斥的态度。**

在家里,则是一副无精打采的样子,妈妈问怎么回事,我也不想具体地说出来。爸爸下班回到家,看我坐在书桌前心不在焉的状态,就想当然地认为,我又在偷懒,不思进取,**劈头盖脸地一通数落;** 当看到我并不理想的分数时,更是发起火来,说"考这么点分数,还不努力迎头赶上,也不知道丢人"之类的话。我心中积存已久的坏情绪,终于爆发了:"你怎么知道我在偷懒?你怎么知道我没觉得丢人?你根本什么都不了解,就只知道乱吼

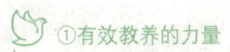

> 心理学博士指导小记
>
> 家长一味指责,对于解决实际问题没有帮助。情绪调节是亲子关系中重要的命题。在体察孩子的情绪时,尽量不批评,避免孩子关闭心门。

① 有效教养的力量　　　163

一通！"

我也不知道自己怎么会这么激烈地对着爸爸大喊，**大概是压抑太久了**。我的凶相吓到了爸爸，也刺伤了爸爸，他愣了半天才疑惑地说："你这孩子怎么回事，我就说你一句，你这么大声喊什么？"

我依然在怒气中："我怎么喊了？是你在喊！"爸爸听了之后，一脸的不可理喻，走进了自己的卧室。

与爸爸的冲突并没有让我消解怒气，反而让我更加烦躁。眼前摆放着书本，我却根本不知道上面写的是什么。妈妈走了过来，给我倒了一杯水，放在我桌上，我依然有气："我没有让你进来，我也不需要喝水！"

直到现在，想起那晚对爸爸和妈妈的态度，我还会为自己的无礼和粗鲁感到脸红，而我也能想象到妈妈听到那些话后的伤心。但是<u>妈妈没有跟我继续争辩下去，也没有跟我计较，她只是默默转身走出了我的房间</u>。

第二天是周六，妈妈走进我的房间，跟我商量，要不要出去转转放松一下心情。因为没心情，我拒绝了这个提议。**妈妈也没勉强我。**

吃早饭的时候，爸爸去公司加班了，家里就剩下我跟妈妈两个人，因此这顿饭我们吃得很放松，<u>妈妈跟我聊着家常，自然而然地，我聊起了这段时间在学校里种种的不如意</u>。

这段坦白似乎早在妈妈的意料之中，对成绩的下降，

> 心理学博士指导小记
>
> 家长自身平和而坚定，能够接纳孩子偶尔的情绪失控。在孩子情绪激动时暂时离开现场，等待孩子缓和下来，再继续沟通。

> **学霸说**
>
> 父母和孩子之间的沟通是非常重要的。如果不沟通，他们永远也不会知道我在学校经历了什么，也没有办法鼓励我、帮助我了。

妈妈也没有像爸爸那样冲我发火，而是劝慰我"胜败是常有的事，不必过分看重结果，努力的过程更重要"。妈妈不仅安慰了我，更是说："其实妈妈非常理解你，谁的人生是顺风顺水的呢？每个人都有压力大的时候，**要是一直被这种负面情绪限制住，那生活里岂不是没有一点阳光了？**"

其实，据我所知，**妈妈那段时间工作压力也很大**，她的单位要求发论文才能评职称，即便妈妈工作一直很优秀，但晋升却迟迟等不来。<u>但是妈妈没有把这种情绪带到家里，反而该怎么上班还怎么上班，该怎么生活还怎么生活</u>。

妈妈对待挫折的这种淡然让我豁然开朗，内心的不痛快一扫而光。打小我习惯了要风得风，要雨得雨，通过

> **学霸说**
>
> 是妈妈用平和心态感染了我，让我意识到不要过于在意结果，要注重过程，把每一天都过得精彩。

① 有效教养的力量

> **心理学博士指导小记**
>
> 　　家长要学会涵容。在教育孩子过程中,家长要鼓励孩子表达强烈的情绪,耐心地倾听,体会情绪的来由,并在孩子情绪平稳后将行之有效的建议告诉孩子。这样孩子能够跟父母建立起亲密的亲子关系,认为自己的感受是能够被理解的,自己是被家长所支持、爱护的。

　　竞选班长这件事,我知道,有的目标不是你想实现,就一定会实现,有些事情也不是你努力了就一定会成功。如果太在意结果,就会患得患失,导致不能全力以赴,反而不利于目标的实现。<u>这就是妈妈教我的,没有什么是"志在必得",因为总有些事情是在你掌控范围之外。</u>

　　明白这些之后,在以后的考试中,我没有再出现手心冒汗、战战兢兢的情况。因为心境平和,有一些平时不见得会做的题,考试时竟做出来了,这就是同学们平时说的"超常发挥"吧。其实,在我看来,**所谓"超常发挥"就是一个心态**,心态好了,什么时候都可以"超常发挥"。

　　考试稳定发挥,其他方面也表现优秀,我最终如愿当上了班长,直到上大学,我一直都在担任班长。

后来，每当我在学习上遇到困难挫折、情绪暴躁的时候，妈妈都会来安慰我。**妈妈会用自己的经历告诉我**，这些都是人生难免的必然经历，多年后再回首，谁还会为这一段时间的学习受挫或者这一次成绩的下滑而患得患失呢？当我在心情焦虑烦闷的时候，**妈妈会带我去散步、爬山、旅游**，让我投入大自然的怀抱，很多不快乐的情绪都会烟消云散。

面对<u>我的坏情绪，妈妈总是会用她的平静和淡然，让我浮躁的心沉静下来；面对我的挫败感，妈妈总是会用包容和理解，用自己的言传身教，让我明白，在追求目标的路上，要有一颗平常心</u>。生活中，人人都有不顺心、不如意的时候，如若我们纵容坏情绪任意发酵，往往会伤害到身边的人，也于事无补。而若用一颗平常心去看待得失与成败，不但可以成为我们消解坏情绪的重要法门，也能帮助我们更好地达成自己的目标。

> 学霸说
>
> 妈妈的言传身教，是我调整不良情绪、以积极阳光的面貌迎接挑战的重要动力。

★ 有效教养词典 ★

涵容是心理咨询中的术语，这包括心理咨询师包容与接纳来访者的各种情绪、行为反应，将其中负面的内容转换为建设性的元素传达给来访者，咨询师自身始终保持稳定的心理状态。涵容不是纵容，不代表漠视孩子的错误。家长可以借鉴上述做法，对孩子进行家庭教育。

"

"

第18篇 手记

> 逆袭是知识重复积累的过程

知识重复积累到一定程度，逆袭便水到渠成。

> 我们都知道，在学习中，基础不牢、课本内容不熟练往往是孩子无法取得好成绩的重要原因。但不少成绩一般的孩子却总觉得，平时的练习不要太在意，只要考试前好好地突击突击，照样能够完美逆袭。
>
> 所谓逆袭，从字面上来说，就是在逆境中实现反击并取得成功的意思。但这些孩子却断章取义，将其错误地套用在了学习上。这着实令我们这些家长感到可笑：孩子们总幻想着在最后关头能够实现逆袭。原因就是，他们只看到了逆袭的结果，却忽略了实现逆袭的前提条件。作为过来人，我们都明白，学习、工作乃至于生活中，根本不存在什么突如其来的逆袭，只有日复一日积少成多直到最后那一刹那的喷薄。
>
> 如果自己的孩子产生了这种不切实际的想法，显然让人心急如焚。的确，我们已经拥有了丰富的经验，看透了"逆袭"的本质，但如何让历事尚浅的孩子认清事实，树立正确、健康的心态呢？

学霸成长手记

胡子煊 高考总分：685
毕业于福建省厦门市双十中学
现就读于清华大学生命科学学院

我的爸爸是一个特别勤学的人。他不仅文学涵养极其深厚，英语也有很高的水平。从很小的时候开始，我便常常看见他拿着英文报纸，还时不时在上面做标注。此外，家里有本牛津英语字典，也几乎成了爸爸的专属物品，他每天都会非常认真地背上一两页，日复一日，几乎从未间断过。

当我升到高中时，凭借着初中打下的基础和课外积累的词汇量，我的英语成绩仍然能稳坐第一的宝座，但因为自负，我在单词方面下的功夫越来越少，甚至根本不愿再花时间来巩固单词的记忆了。

> **心理学博士指导小记**
> 家长在学习英语上一以贯之的勤恳态度和长期坚持，给孩子留下了深刻的印象。

不知什么时候起，初中时课外积累的单词在我的记忆中逐渐变得模糊，到了后来，**我连高中英语课本上的一些基础单词都觉得陌生**，在考试中，**单词用法也频繁出错**，原本在班上英语学科称王称霸的我时不时跌出前五。又一次成绩发出后，怀着异常沉重的心情，我满脸阴云地回到家。联想起平时我询问爸爸单词时他从容不迫回答的样子，我内心不禁感叹：要是我能有老爸那样对单词的熟练度该多好啊。这样想着经过书房的时候，我偶然往书桌上一瞥，不禁感到不太对劲：桌上一如往常地放着那本厚重的牛津字典，但是**书签的位置……怎么变得这么靠前了**？我记得大概两个星期前，书签还夹在字典几乎结尾的部分呢，但现在它前面的部分怎么这么薄了？

晚饭的时候，我向爸爸提起这件事，他"哦"了一声，回答："前几天刚又看完了一遍，就又从头开始看了。"我吃了一惊，连忙问：

心理学博士指导小记

　　心理学家艾宾浩斯对遗忘现象进行了系统的研究，他的重要发现是"遗忘曲线"，遗忘在学习之后迅速开始，其进程很快，而且遵循先快后慢的规律。我们需要抓紧巩固新学习的知识，否则它会像水一样流走。

"啊？干吗又看一遍？你不是已经背完了吗？"爸爸似笑非笑地看着我说："要不反复看，背过的单词不又忘了？这些年，这本字典我背了三四遍，才能记住个大概。"

我陷入了沉思。原来，爸爸如此庞大的词汇量，也是通过不断的复习和巩固来保证记忆的准确，更何况是我呢？即便需要记忆的单词数量不算多，但如果不重复积累，印象自然会逐渐变淡，使用起来错误率当然就大了。此时才意识到这一点的我顿时看到了希望。从那天开始，**我重新拾起了尘封的单词本，开启了自己的"英语救赎计划"**。经过长期的坚持，终于，在高三上学期的期末，我在英语方面重回巅峰，实现了逆袭。

类似的事情并不只有一件。自从我步入高中，生物就一直是我的短板。考试后，我其他科目往往都是领先的，但总分却与别人相差无几，这多半是因为被生物严重拉后腿所致。一开始我还挺着急的，但随着**这种情况出现的次数越来越多，我渐渐有些麻木了，我对生物变得不再上心**，一心觉得已经无药可救，与其这样还不如多看看其他的科目。但众所周知，高考哪能允许我们有任何偏科的情况呢？这一状况让老师和父母看在眼里，急在心里。

在一次闲聊的时候，我向妈妈抱怨说自己好像胖了，脂肪又多了一堆。妈妈笑了笑："那也不见得是坏事啊。

> **学霸说**
> 爸爸不经意间的一句话给了我极大的震撼，我这才意识到记忆需要不断巩固，没有谁是生来的天才。

① 有效教养的力量　173

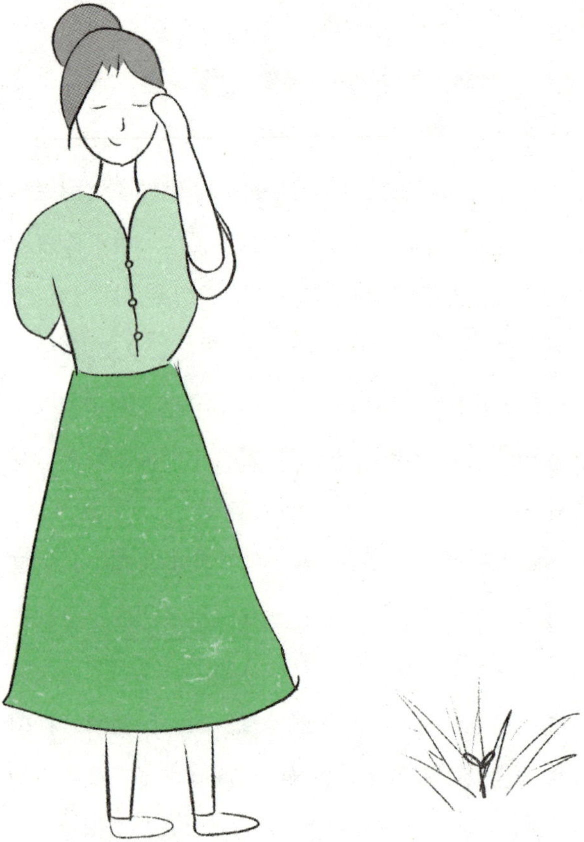

脂肪不是有挺多作用的吗？比如说，呃……"等了半天，妈妈始终支支吾吾说不上来，我卖弄地接道："储能、隔热、缓冲……"只见妈妈眼睛一亮，兴奋地夸我这都知道，然后又继续往下追问。我顿时愣住了。这是生物必修一的课本内容，我的确学习过，但是，我知道的也就这些了，再让我说点什么就有点强人所难了！我使劲在脑海中搜刮残存的记忆，之后又含含混混地应付了两句，就赶紧逃开了。趁着妈妈不在身边，我跑回房间连忙翻看，直到把这个知识点反反复复看了多遍，然后，又念念有词地假装给妈妈科普了两三遍，这才稍微放了点心。

令人意外的是，几天后的一次生物考试中，"脂肪的作用"恰巧作为一道填空题出现了。我大为惊喜：原来，对知识进行重复积累竟还可以有着这么直接的作用！尝到了这次的甜头后，我开始重视起巩固现有的记忆。于是，**和我的同桌一起，我们常常在有空的时候互相抽查课本上的知识点，有时候还会以练字为理由抄抄课本**。这样坚持几个月后，我们甚至能做到将课本上的原文只字不差地背下来。也就是那个学期末，我的生物成绩终于挤进了年级的前三，我终于在这门科目上实现了逆袭。

人教版生物必修三上说："学习是神经系统不断地接受刺激，获得新的行为、习惯和积累经验的过程。"曾经

> **心理学博士指导小记**
>
> 从认知心理学角度，向他人复述和讲解曾经学习过的知识，是深化记忆的手段之一。但是机械复述的记忆效果较差，本例中孩子进行了精细复述，将需要记忆的知识与生活经验建立起联系，理解知识的本质，能够达到比较好的记忆效果。

① 有效教养的力量　　175

的我并不理解为何需要"不断",也不明白"积累经验"的重要性。但是,爸爸妈妈用实际行动让我认识到了它们的作用。除了用提问的方式帮助我巩固知识以外,爸爸妈妈还会在平时的饭桌上问问我今天有没有复习,或者在接我放学的时候问我今天学习了什么内容。这个回忆的过程,也是一个知识盘点回顾的过程。在爸爸妈妈的引导下,我逐渐开始严肃地对待知识的重复积累的过程,也从中有了巨大的收获。

仔细想想,我们总是幻想着的逆袭,其实在我们的思想开始转变的那个瞬间就已经展开了。没有一蹴而就的成功,只有日积月累的蜕变;没有从天而降的馅饼,只有厚积薄发的绽放。**所谓的逆袭,本质上并不是长时间的无所作为、最后短时间内一鸣惊人**,而是长时间的积跬步、积小流,最后才实现至千里、成江海的壮

心理学博士指导小记

要让孩子意识到,学习不是一蹴而就,是每一步经验的累积。在这个过程中可能存在大量的重复练习,但是重复中总能有新的收获。

举。逆袭是知识不断重复积累的过程，当我们能对现有的知识做到滚瓜烂熟的时候，也就是逆袭水到渠成的那一天。

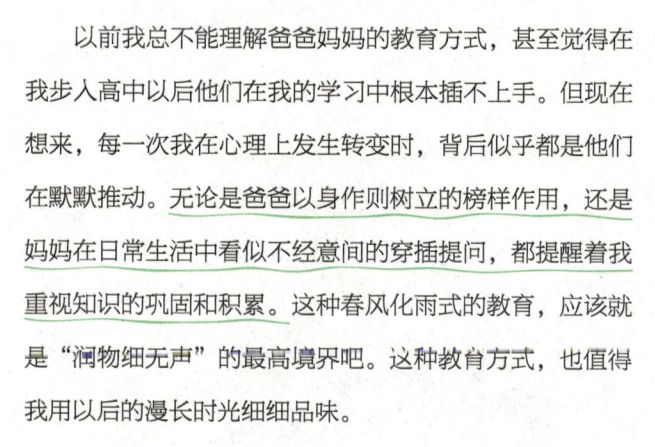

以前我总不能理解爸爸妈妈的教育方式，甚至觉得在我步入高中以后他们在我的学习中根本插不上手。但现在想来，每一次我在心理上发生转变时，背后似乎都是他们在默默推动。无论是<u>爸爸以身作则树立的榜样作用，还是妈妈在日常生活中看似不经意间的穿插提问，都提醒着我重视知识的巩固和积累</u>。这种春风化雨式的教育，应该就是"润物细无声"的最高境界吧。这种教育方式，也值得我用以后的漫长时光细细品味。

学霸说

感谢我的爸爸妈妈，用实际行动，或是从方法论的层面，或是从具体知识巩固的方面，都在帮助着我完成知识的积累，提高学习成绩。

★ **有效教养词典** ★

遗忘曲线描述了人类大脑对新事物遗忘的规律，该曲线对人类记忆认知研究产生了重大影响。也正因为如此，孩子在学习中出现知识的遗忘实属正常。

"

"

① 有效教养的力量